SCHWEDEN
mit dem Wohnmobil

Thomas Kliem

Leuchtturm auf einer Schäre
vor den Toren Göteborgs

SCHWEDEN
mit dem Wohnmobil

Traumrouten von Skåne bis zum Siljansee

Thomas Kliem

Die schwedische Flagge hängt an vielen Häusern.

INHALT
Entdeckertouren in Schweden

Schweden – Land und Leute   **6**

1 Skåne – immer an der südschwedischen Küste entlang
Erholsame Sandstrände, muntere Wikinger und interessante Städte   **28**

2 Von Karlskrona nach Stockholm
Die Highlights Öland, Småland und Stockholm entdecken   **46**

3 Am Kattegat und Skagerrak entlang
Herrliche Strände, lebendiges Göteborg und fantastische Schärenküste   **68**

4 Göta-Kanal – Das blaue Band Schwedens
Abwechslungsreiche Reise vom Vänernsee zur Ostsee   **88**

5 Rund um den Vänernsee
Grandiose Landschaften, freundliche Städte und ein aktives Reiseprogramm   **100**

6 Quer durch Süd- und Mittelschweden
Entdeckungsreise vom idyllischen Bolmensee zum beliebten Siljansee   **120**

Reiseinformationen von A bis Z   **136**

Register   **141**

Impressum   **144**

» SCHWEDEN
LAND UND LEUTE

SCHWEDEN
Land und Leute

Land und Leute

Schweden ist ein ideales Reiseland für Wohnmobilreisende! Damit die lang ersehnte Reise auch erholsam, abenteuerlich, intensiv, unvergessen und natürlich spaßig wird, sollte man sich vorher mit dem Reiseland Schweden auseinandersetzen, denn ist man erst mal unterwegs, sieht man meistens auch nur das, was man weiß! Je mehr man über das Königreich weiß, desto mehr wird man auch auf der Schwedenreise entdecken.

In unseren Köpfen ist das skandinavische Land weit entfernt und gehört zu den exotischen Reiseländern, die man gerne mal besuchen möchte. Für viele ist es ein Traumland und wird es auch immer bleiben, denn die Besucherzahlen sind im Vergleich zu den Reiseregionen am Mittelmeer bescheiden – glücklicherweise! So ist in Schweden viel Platz für das Wohnmobil, unbeschwerte Urlaubserlebnisse und allerlei Naturerfahrungen. Das Land verfügt über eine gute Campinginfrastruktur und das Fahren mit dem Reisemobil stellt die Fahrer vor keine großen Probleme. Die Schweden fahren sehr rücksichtsvoll und viele Park- und Rastplätze bieten sich zu einer Pause an. Eine Pause an einem heißen Sommertag an einem Rastplatz am Badesee gehört zu den vielen Vorteilen der Schwedenreise.

Schwedens landschaftliche Vielseitigkeit umfasst nicht nur ausgedehnte Waldgebiete und romantische Seen, sondern reicht von einer atemberaubenden Schärenküste über Küstenabschnitte mit kilometerlangen Sandstränden, Labyrinthen aus Flüssen und Seen bis hin zu flachwelligen Agrarregionen. Auch wenn die vielen unterschiedlichen Landschaften den Reisemobilisten schnell begeistern werden, so wird er auch die Spaziergänge durch die idyllischen Städte genießen und beim Museumsbesuch, beim Mittagessen oder beim Shopping merken, dass Schweden weniger teuer ist, als dies oft gesagt wird. Gastfreundschaft wird groß geschrieben und da viele Schweden nicht nur Englisch, sondern auch Deutsch sprechen, kommt man mit Ihnen schnell ins Gespräch und erfährt so manchen Insidertipp aus erster Hand. Ein höfliches »God dag!« (Guten Tag) und ein »Tack« (Danke) garantieren ein freundliches Lächeln.

Dieser Reiseführer soll den Wohnmobilisten auf sechs Routen durch die vorwiegend südlichen und teils mittleren Landesteile führen und ihm eines der schönsten Reiseländer nahe bringen.

God Tur – Gute Reise!

Mit dem Wohnmobil ist der Reisende bequem und flexibel unterwegs. Elchwarnschilder weisen auf gefährliche Straßenabschnitte hin – sind jedoch die Ausnahme.

Vorangehende Doppelseite: Schärenküste rund um das Küstenstädtchen Marstrand

Linke Seite: Typisch schwedisch?

Die Königsfamilie ist bei der Bevölkerung sehr beliebt. Der König Carl XVI. Gustav ist seit 1973 das Staatsoberhaupt. Er verfügt jedoch nur über repräsentative Funktionen.

Ein erster Überblick

Das Königreich Schweden (schwed. Konungariket Sverige) gehört zu den skandinavischen Ländern und ist seit 1995 Mitglied in der Europäischen Gemeinschaft (EU). Das Land erstreckt sich auf der östlichen Hälfte der skandinavischen Halbinsel und hat gemeinsame Grenzen mit Norwegen im Westen und Finnland im Norden. Im Süden ist es durch den Öresund, der an der schmalsten Stelle nur 4,5 Kilometer breit ist, von Dänemark getrennt. Allerdings besteht seit dem Jahr 2000 eine Brückenverbindung. Mit einer Landesfläche von ungefähr 450.000 km² ist es das viertgrößte Land in Europa und verfügt über eine lange Nord-Süd-Ausdehnung von rund 1.572 Kilometern. Rund 9 Millionen Menschen leben in Schweden, was nur rund eine Million Menschen mehr sind als die Einwohner des Bundeslandes Niedersachsen. Hauptstadt ist die lebendige Metropole Stockholm, die im Stadtgebiet rund 770.000 Bürger beheimatet. In dem Ballungsraum, der Agglomeration Stockholm, sind es mit 1,6 Mio. Menschen wesentlich mehr. Anders als vielleicht erwartet, ist der Verstädterungsgrad sehr hoch und so leben rund 83 % der Schweden in Städten. Umgerechnet leben rund 20 Menschen auf einem Quadratkilometer (in Deutschland sind es 228). Rund ein Drittel der Bevölkerung lebt in den drei Großräumen Stockholm, Göteborg und Malmö. Das Landschaftsbild Schwedens wird geprägt durch große Waldgebiete. Rund 57 Prozent der Landesfläche ist bewaldet und rund neun Prozent der Fläche wird von Gewässern eingenommen. Der größte See des Landes ist der Vänernsee, der zehnmal größer ist als der Bodensee. In Schweden gibt es allein 96.000 Seen und eine Vielzahl an mächtigen Flüssen, deren Wassermassen aus dem skandinavischen Gebirge in die Ostsee fließen. Die Küste wird geprägt durch eine rund 7.000 Kilometer lange Küstenlinie und die Zahl der Inseln wird auf rund 150.000 geschätzt. Allein vor den Toren Stockholms umfasst der Schärengarten rund 24.000 Eilande. Die beiden größten Inseln sind Gotland und Öland. Schweden gehört zu den wohlhabenden Ländern mit einer niedrigen Arbeitslosigkeit von rund sechs Prozent und einer geringen Inflation. Die Wirtschaft basiert u. a. auf der Produktion von Maschinen und Fahrzeugen (Volvo und Saab), Kommunikationstechnolo-

Land und Leute

gie und Papiererzeugnissen. Wichtigste Exportländer sind USA, Deutschland und Norwegen. Schweden ist eine konstitutionelle Monarchie mit einer parlamentarischen Regierungsform. Staatsoberhaupt ist seit 1973 der schwedische König Carl XVI. Gustav, der lediglich repräsentative Aufgaben hat. Regierungschef ist seit 2007 der Ministerpräsident Fredrik Reinfeldt. In Schweden leben rund 92 % Schweden, 5,3 % Ausländer und 2,5 %; sogenannte einheimische Finnen; sowie rund 20.000 Samen, dem einstigen Nomadenvolk, die überwiegend die nördlichen Landesteile (Lappland) bevölkern und nur noch teilweise von der Rentierzucht leben. Ebenfalls rund 20.000 Deutsche leben in Schweden. Das Bevölkerungswachstum liegt bei 0,2 % und die Lebenserwartung bei 80 Jahren.

Die Geschichte des Landes

Ein kurzer Blick auf die Geschichte informiert über die rund 7.000-jährige Besiedlungsgeschichte, die erst nach der Eiszeit möglich war. Über einen Zeitraum von rund zwei Millionen Jahren war ganz Skandinavien von mächtigen Eismassen bedeckt. Mit dem Ende der Eiszeit vor rund 10.000 Jahren schmolzen die Eismassen ab und der Süden Schwedens wurde als erste Regionen eisfrei. Nachdem sich die Vegetation bilden konnte, war eine Grundlage zur Besiedlung geschaffen worden. Man geht davon aus, dass die ersten Menschen um 5.000 vor Christus nach Südschweden kamen. In der Bronzezeit (1.800 – 500 Jahre v.Chr.) betrieben die Menschen Schafzucht und fertigten Waffen und Werkzeuge an. In der Eisenzeit rund 500 Jahre vor Christus bis 800 Jahre nach Christus lebten die Menschen in Dörfern. Am Ende der Eisenzeit wurde Südschweden von den Dänen besetzt. Die Zeit 800 bis 1060 ist die berühmte Zeit der Wikinger, jener Volksgruppe, die raubte, mordete und plünderte – die jedoch auch exzellente Seefahrer waren und rund 500 Jahre vor Kolumbus nach Amerika segelten. In den folgenden Jahrhunderten regierten zahlreiche Könige das Königreich Schweden. Erst der dänischen Königin Margrethe gelang es 1397 in Kalmar die drei skandinavischen Königreiche Dänemark, Schweden und Norwegen in einer Union zu vereinigen. Diese Kalmarer Union hatte Bestand bis 1523. In Schweden entwickelte sich eine Opposition gegen die dänische Vorherrschaft innerhalb der Union und sie erwirkten ihre Unabhängigkeit. Während sich im Nachbarland Dänemark bereits 1536 die Reformation durchsetzte, konnten die Reformbemühungen in Schweden nach langwierigen Prozessen erst im Jahre 1597 abgeschlossen werden. Unter den legendären Vasa-Königen wurde Schweden zur Großmacht. Im 16. und 17. Jahrhundert prägten Kriege die Beziehung zu Dänemark. Nach verlorenen Kriegen änderten sich die Machtverhältnisse in Nordeuropa, und Dänemark musste eine Region nach der anderen an Schweden abtreten. Nach dem Frieden von Roskilde im Jahre 1658 erhielt Schweden die heute südschwedischen Regionen Schonen, Halland, Blekinge und Bohuslän zurück. Auch Anfang des 19. Jahrhunderts musste die Karte in Nordeuropa neu gezeichnet werden: Dänemark war mit Frankreich verbündet und musste nach den verlorenen Napoleonischen Kriegen den Reichsteil Norwegen, natürlich gegen den Willen der Norweger, an die siegreichen Schweden abtreten. In dem sogenannten Kieler Frieden (1814) erhält Schweden nun das Nachbarland Norwegen. Es folgt eine Union mit Norwegen und erst 1905 entließ Schweden die aufstrebenden Norweger in ihre Unabhängigkeit. Im 19. Jahrhundert konn-

Die Steinplatten mit Ritzzeichnungen aus dem Kivikgrab gehören zu den vielen prähistorischen Zeugnissen.

Land und Leute

ten sich die Schweden politisch und wirtschaftlich festigen. 1832 wird der Göta-Kanal in Schweden eröffnet, eine bedeutende Wasserverbindung zwischen Nordsee und Ostsee quer durch Schweden. Der Kanal spart viele Seemeilen und Zollabgaben an die Dänen. 1866 erhielt Schweden ein Zweikammerparlament. Im Ersten Weltkrieg musste Schweden seine Neutralität aufgeben, konnte aber im Zweiten Weltkrieg zu seiner Neutralitätspolitik zurückkehren. In der Nachkriegszeit entwickelte sich Schweden zu einem Wohlfahrtsstaat, der für viele Länder Modellcharakter hatte. 1973 wurde der heutige König Carl XVI. Gustav der Nachfolger seines Großvaters. In den 1970er-Jahren blieb das Land nicht von der Ölkrise verschont. Der Staat musste viele Krisen überwinden und erlitt durch das Attentat auf den Ministerpräsidenten Olof Palme im Februar 1982 in Stockholm einen herben Rückschlag. 1995 trat Schweden in die EU ein und präsentiert sich heute als wohlhabendes Land mit einem hohen Lebensstandard. Zu den herausragenden Ereignissen der jüngsten Geschichte gehört der Bau zweier Brückenprojekte. Die »Große-Belt-Brücke« wurde 1998 eröffnet und verbindet Seeland mit Fünen und die »Öresund-Brücke«, die im Jahr 2000 eingeweiht wurde. Sie verbindet die dänische Insel Seeland mit Südschweden. Dies bedeutet nicht nur ein historisches Zusammenwachsen der einstigen Unionspartner und Kriegsgegner, sondern auch eine Anbindung der skandinavischen Halbinsel und der wichtigen dänischen Inseln an Zentraleuropa. Die Öresund-Region mit Kopenhagen und Malmö entwickelt sich zu einem boomenden Wirtschaftsraum in Europa. Skepsis der europäischen Einheitswährung EURO gegenüber drückten die Schweden im Jahr 2003 per Volksentscheid aus und stimmten gegen dessen Einführung.

Flora und Fauna

Während die südliche Landschaft Schonen von landwirtschaftlichen Nutzflächen geprägt ist, bedecken in den übrigen Gebieten Südschwedens große Waldgebiete mit Fichten und Kiefern das Land. In der Landschaft Småland sind sogar 67 Prozent der Region bewaldet. In den Wäldern leben Tiere, die auch in Mitteleuropa anzutreffen sind: Reh, Rothirsch, Fuchs und Hase. Tiere wie Bären, Wölfe, Biber, Vielfraße und Marder sind zu einem großen Teil ausgerottet. Bekanntester Vertreter der schwedischen Tierwelt ist der Elch, dessen Population gerade in Südschweden sehr groß ist. Er ist das Symboltier für Skandinavien und viele Reisende kommen nach Schweden in der Hoffnung einen Elch

Das Regalschiff Vasa war einst der Stolz der schwedischen Flotte. Heute lockt es im Stockholmer Vasa-Museum unzählige Besucher an.

Land und Leute

Die Öresund-Brücke verbindet seit dem Jahr 2000 Südschweden mit der dänischen Insel Seeland.

zu sehen. Er lebt in den Wäldern und ist sehr scheu, daher gehört sehr viel Glück dazu, den »König der Wälder« zu sehen. Der Elch (lat. Alces alces) kann eine Höhe von 2,35 Metern erreichen, hat ein großes Stangengeweih und bringt als ausgewachsener Elchbulle bis zu 500 kg auf die Waage. Dank der spreizbaren Hufe kann er Feuchtgebiete durchqueren und ist ein guter Schwimmer. Die meisten Straßen sind durch hohe Zäune von den Wäldern abgeriegelt, damit es nicht zu tödlichen Kollisionen mit den Elchen kommt. Die Zahl der Elche wird in ganz Schweden auf rund 350.000 geschätzt. 100.000 Elche werden jedes Jahr zum Abschuss freigegeben.

An der Küste Schwedens ist die Zahl der verschiedenen Vogelarten mit 350 sehr hoch und so leben hier u. a. Austernfischer, Kiebitz, Uferschnepfe, Rotschenkel und unzählige Möwenarten. In den Feuchtgebieten sind Flussseeschwalbe, Rohrdommel, Säbelschnäbler, Graugans und Rohrweihe zuhause. In den schwedischen Flüssen und Seen leben u. a. Lachs, Forelle, Barsch, Hecht und Zander.

Über die große Landesfläche Schwedens verteilen sich 28 Nationalparks mit einer Gesamtfläche von 6925 km², was einem Anteil von anderthalb Prozent an der Landesfläche entspricht. Mit der Einrichtung von Nationalparks wird seit 1909 versucht, die außergewöhnlichen Landschaften mit ihrer Flora und Fauna unter Schutz zu stellen und für den Menschen zugänglich zu machen. Aufgrund der hohen Besucherzahlen insbesondere in kleinflächigen Nationalparks ist es fraglich, ob der Gedanke des Naturschutzes wirklich umgesetzt werden kann. Im Süden des Landes befinden sich die Nationalparks Dalby Söderskog, Stenshuvud, Blå Jungfrun, Stora Mosse, Nora Kvill und Tiveden (Infos zu den Nationalparks unter www.naturvardsverket.se).

Landschaftsaufbau

Schweden hat große Anteile am Baltischen Schild, dessen Untergrund rund zwei Milliarden Jahre alt ist. Durch die Kaledonische Gebirgsbildung (vor etwa 430 Millionen Jahren) ist ein rund 100 Kilometer breiter Streifen entlang des Skandinavischen Gebirges, der sogenannten Skanden gefaltet worden. Stark verantwortlich für den Landschaftsaufbau Skandinaviens war die Eiszeit. Ganz Nordeuropa war von Eismassen bedeckt. Die Eiszeit bestand aus sechs Kaltzeiten, die immer wieder von Warmzeiten unterbrochen worden sind. Möglicherweise dauerte die gesamte Eiszeit rund zwei Millionen Jahre. Die durchschnittliche Temperatur lag um ca. 8°C niedriger als heute und die Schneegrenze war rund 1.200 m niedriger. Die letzte Kaltzeit der Eis-

Der Elch wird auch als »König der Wälder« bezeichnet. Er ist nahezu über das ganze Land verbreitet.

zeit, die Weichsel-Würmeiszeit, endete vor ungefähr 10.000 Jahren. In dieser Kaltzeit war ganz Skandinavien vom nordischen Inlandeis bedeckt. Die Eismassen hatten im Zentrum, das über Nordschweden lag, eine Mächtigkeit von bis zu 3.800 Metern. Durch Schneefall und Lawinentätigkeit erhielten die Gletscher ständig neues Material und konnten sich aufbauen. Durch Zurückweichen und Vorschieben der Gletscher (Oszillation) wurde die Landschaft Schwedens geformt bzw. verformt. An den Küsten nahm die Stärke der Eisschicht ab. In Schweden bestehen nur noch vereinzelt relativ kleine Gletscher in dem Skandinavischen Hochgebirge. Nachdem die Eismassen abschmolzen, ließ auch der Druck des Eises auf das Land nach und es setzte die Landhebung (Isostasie) ein. Diese Landhebung ist immer noch nicht abgeschlossen und beträgt an einigen Orten ungefähr einen Meter pro Jahrhundert. Diese isostatische Hebung lässt sich auch an der Stadtgeschichte einiger Hafenstädte verfolgen, die im Laufe der Jahrhunderte ihre Häfen immer wieder verlagern mussten. So befinden sich einstige Hafenstädte heute im Inland.

Land und Leute

Innerhalb Schwedens lassen sich vier Räume abgrenzen: das südschwedische Tiefland, das südschwedische Hochland, die mittelschwedische Senke und das nordschwedische Hochland.

Das südschwedische Tiefland wurde als erste Region eisfrei und somit zuerst besiedelt. In diesem südlichsten Raum sind die Böden besonders fruchtbar, und so steht auch die landwirtschaftliche Nutzung im Vordergrund. Nördlich schließt sich das südschwedische Hochland an, eine flachwellige und sehr waldreiche Region mit Höhen bis zu 343 Metern. Nördlich des Hochlandes erstreckt sich die mittelschwedische Senke. In diesem Gebiet befinden sich auch die größten schwedischen Seen, der riesige Vänernsee, der Vätternsee, der Hjälmarsee und der Mälarsee. Sie sind die Reste einer großen nacheiszeitlichen Schmelzwasserrinne. Das nordschwedische Hochland nimmt rund 60 Prozent der gesamten Landesfläche ein. Besonders groß sind die Anteile am skandinavischen Hochgebirge. Dieses erstreckt sich mit nordöstlicher Ausrichtung über die skandinavische Halbinsel. Mit seiner Länge von beachtlichen 1.700 Kilometern ist es noch 700 Kilometer länger als die Alpen. Über die Höhen des Gebirges verläuft teilweise die Grenzlinie zwischen Schweden und Norwegen. Der höchste Punkt Schwedens ist der Kebnekaise (2.123 m) in Nordschweden. Von den Skanden fließen zahlreiche mächtige Flüsse durch das nordschwedische Hochland und münden überwiegend im Bottnischen Meerbusen.

Klima und Reisezeit

Das Klima bzw. das Wetter spielt für den Touristen eine ausschlaggebende Rolle. Entgegen mancher Erwartungen kann man in Schweden einen heißen Sommer erleben und sich an den erfrischenden Bädern in den Seen oder in der weitaus kühleren Ostsee erfreuen. Gerade in Stockholm wird man an warmen Sommerabenden die nördliche Lage schnell vergessen. Aufgrund des frühen Sonnenaufgangs und des entsprechend späteren Sonnenuntergangs im Juni und Juli ist es auch noch am späten Abend in den Städten sehr lebendig. Auf den Campingplätzen genießen es die Gäste noch zu später Stunde vor dem Campingmobil zu sitzen und zu lesen. Das Klima in Südschweden wird teilweise vom Golfstrom beeinflusst. Die klimatischen Verhältnisse in Skåne unterscheiden sich nur geringfügig vom Klima in Norddeutschland. In Malmö verzeichnet man im Januar eine durchschnittliche Temperatur von 1,3°C (Juli 17,5°C), in Kalmar sind es im Januar 1,3°C (Juli 18,2°C) und in der Hauptstadt Stockholm – 1,3°C (Juli 18,0°C). Diese Durchschnittstemperaturen verschweigen jedoch, dass das Quecksilber im Thermometer an zahlreichen Sommertagen auf 25 – 30°C klettert. Lähmende Hitze und überhitze Wohnmobile braucht man jedoch nicht erwarten. Ein blauer Himmel und ein beständiges Hochdruckgebiet können den Urlaub zu einem schwedischen Sommermärchen werden lassen. Ein Blick auf die Niederschläge offenbart Unerwartetes, denn die Jahresniederschläge in Lund (633 mm), in Göteborg (670 mm), Stockholm (552 mm) und Kalmar mit lediglich 470 mm Niederschlag liegen unter den durchschnittlichen Niederschlagsmengen Deutschlands mit 760 mm. Auf der Insel Öland haben die geringen Niederschläge (400 mm) auf dem

Schmackhafte Delikatesse, die Walderdbeere

Land und Leute

Im Sommer locken die Strände, die niemals so überfüllt sind, wie an der Hanöbucht.

Kalkplateau eine Steppenvegetation gedeihen lassen. Allerdings hat Schweden das Niederschlagsmaximum in den Monaten Juli und August, während Februar und März die trockensten Monate sind.

Obwohl man in Schweden aufgrund zahlreicher ganzjährig geöffneter Campingplätze zur jeder Jahreszeit eine Reise mit dem Wohnmobil unternehmen kann, bieten sich die Monate Mai bis September vorrangig zu einem Urlaub an. Im Frühjahr und Herbst ist der Andrang wesentlich geringer und man kommt auf den Campingplätzen und bei den Fährgesellschaften in den Genuss der Nebensaisontarife. Dann ist zwar kein sommerlicher Urlaub, jedoch eine erholsame und ruhige Reise möglich. In der Nebensaison bieten sich auch die Städte Stockholm, Göteborg und Malmö mit ihrem vielseitigen kulturellen Programm an.

Im Winter zieht es dann Wintersportler mit ihren winterfesten Wohnmobilen nach Schweden.

Mit zunehmender nördlicher Lage sinken im Sommer wie auch im Winter die Temperaturen. Allerdings wird der Reisende nördlich des Polarkreises durch die Mitternachtssonne entschädigt. Ein unvergleichliches Erlebnis, wenn die Sonne auch nachts scheint. Ebenfalls sehr eindrucksvoll sind die Nordlichter (Aurora Borealis) in den Wintermonaten im Norden des Landes zu beobachten. Leuchtende Bänder in grüner und teils roter Farbe inszenieren dann ein unvergleichliches Lichtspektakel am Himmel.

Anreise mit der Fähre – Urlaub von Anfang an

Seit dem Jahr 2000 ist Schweden nun auch über die Straße zu erreichen und wer nicht mit der Fähre anreisen möchte, nutzt die gigantischen Brücken über den Großen Belt und den Öresund. Sie sind kostenpflichtig und bedeuten eine längere Anreise. Wer allerdings vor oder nach seinem Schwedenaufenthalt noch die dänischen Inseln Fünen oder Seeland kennen lernen möchte, ist mit den Brücken gut bedient.

Die klassische und die bequemste Anreise bieten immer noch die Fähren. Die Überfahrt mit der Fähre bedeutet Urlaub von Anfang an. Hierbei kann der Reisende unter vielen verschiedenen Fährverbindungen wählen und sich auch für eine Übernachtung an Bord entscheiden. Eine Kombination aus Fähre und Brücke ist ebenfalls möglich. Hat man sich erst einmal für die passende Fährverbindung entschieden und gebucht, wird man sich sehr auf den Schwedenurlaub freuen. Selbst »alte Hasen«, die seit Jahrzehnten mit den Fähren fahren, freuen sich immer wieder, wenn sie sich mit ihrem Wohnmobil dem

Land und Leute

Fähranleger nähern. Ist noch ausreichend Zeit, dann wird das Reisemobil geparkt und in aller Ruhe das Einlaufen der Fähre beobachten. Mit diesem Koloss geht es dann über die Ostsee nach Schweden. Eine bis zwei Stunden vor dem Ablegen wird dann eingecheckt. Man fährt hierbei zum Check-in, einem kleinen Häuschen, an dem man die Buchungsunterlagen vorzeigt und die Boarding-Karte für das Fahrzeug und die Personen erhält. Anschließend wird man auf eine Wartespur geleitet und muss hier ausharren, bis man aufgefordert wird, auf das Schiff zu fahren. Überwiegend durch eine Bug- oder Heckklappe fährt man dann in das Innere des Fährschiffes und parkt sein Wohnmobil auf dem Lkw-Deck (Campingbusse finden teilweise auf dem Pkw-Deck Platz). Nun muss man den Gang einlegen, Handbremse anziehen, Gas abdrehen und sich die Parkposition merken oder besser aufschreiben. Anschließend geht es die Treppen hinauf zum Sonnendeck, von dem man das Ablegemanöver am besten beobachten kann. Dann heißt es, das Schiff genau unter die Lupe zu nehmen oder im Falle eine Nachtüberfahrt die Kabine aufzusuchen, um die Sachen zu verstauen. Die modernen Fähren ähneln heute mehr einem kleinen Kreuzfahrtschiff als einem Frachtschiff und so stößt man auf Restaurants, Kinos, Shops, Bars und vieles mehr was zur Kurzweiligkeit der Fährüberfahrt beitragen kann. In den Restaurants werden die Köstlichkeiten angeboten, die die schwedische Küche zu bieten hat. Wer mit Stena Line von Kiel nach Göteborg fährt und sich das bunte Showprogramm anschaut, wird schnell vergessen, dass man sich auf einem Schiff befindet. Nach dem kurzweiligen Unterhaltungsprogramm und einem Schlaftrunk an der Bar bei Live Musik geht es dann in die komfortable Kabine. Ausgeruht nähert man sich dann morgens der schwedischen Metropole Göteborg und sollte es nicht versäumen, die Fahrt durch den herrlichen Schärengarten vom Sonnendeck zu genießen. Nach dem Aufruf geht es dann wieder auf das Parkdeck und mit einem Kribbeln im Bauch und eingeschaltetem Abblendlicht verlässt man wieder den Schlund der Fähre, um nach dem Motto »auf zu neuen Ufern« das Königreich Schweden zu entdecken.

Bei der Wahl der Fähre spielt das Zielgebiet in Schweden, die Reisezeit, der Wohnort in Deutschland und natürlich auch die Reisekasse eine Rolle. Alle Nordland-Fähren verfügen über einen hohen Sicherheitsstandard und bieten teilweise Spezialtarife für Camper. Informationen erhält man im Reisebüro, di-

Mit den Fähren der Stena Line kommt der Reisemobilist sicher und bequem nach Schweden.

Land und Leute

rekt von den Fährgesellschaften und natürlich auch im Internet. Bei der Buchung für das Wohnmobil ist die Länge, Höhe und teilweise auch das Gesamtgewicht des Fahrzeugs ausschlaggebend.

Es stehen folgende Fährverbindungen zur Verfügung:

Reederei: Stena Line
Adresse: Stena Line GmbH
Schwedenkai 1, 24103 Kiel
Tel. 01805/916666 (14 Ct/Minute)
Fax 0431/909200
E-Mail: dialog@stenaline.de
Internet: www.StenaLine.de
Passagen:
Frederikshavn – Göteborg, Kiel – Göteborg, Grenaa – Varberg

Reederei: TT-Line
Adresse: TT-Line GmbH & Co. KG
Zum Hafenplatz 1, 23570 Lübeck-Travemünde
Tel. 04502-80181, Fax 04502-801407
E-Mail: info@TTLine.com
Internet: www.TTLine.com
Passagen: Travemünde – Trelleborg; Rostock – Trelleborg

Reederei: Scandlines Deutschland GmbH
Adresse: Servicecenter Rostock
Hochhaus am Fährhafen, 18119 Rostock
Tel. 01805-116688 (14 Ct/Min.)
Fax 0381-2073313
E-Mail: buchung@scandlines.de
www.scandlines.de
Passagen: Rostock – Trelleborg; Sassnitz – Trelleborg
Bei den Verbindungen: Rostock – Gedser und Puttgarden – Rødby kann man über die Öresund-Brücke weiterfahren oder die Fährpassage Helsingør – Helsingborg über den Öresund buchen.

Die schwedische Küche

Abendessen heißt auf Schwedisch »middag«! Dies ist aber auch die einzige Verwirrung, ansonsten wird die schwedische Küche den Magen des Reisenden vor keine Herausforderung stellen, bietet aber so manche Leckereien. Bereits auf der Fähre werden viele Urlauber neugierig auf die schwedische Küche und stehen staunend vor dem umfangreichen Fischbüfett. In der schwedischen Küche hat Fisch einen hohen Stellenwert, der entweder gebraten, geräuchert oder gekocht serviert wird. Zu den nicht immer beliebten Spezialitäten gehört der »Surströmming«, ein gesalzener und gegorener Ostseehering. Im Restaurant oder im Kühlfach der Supermärkte bekommt man den eingelegten Hering, den man probiert haben muss. Dieser »Sill« wird in vielen verschiedenen Marinaden, z. B. Tomate, Senf, Dill, Knoblauch und Essig eingelegt und schmeckt dann zu Bratkartoffeln oder zum Brot. Natürlich darf auch der Lachs nicht fehlen. Empfehlenswert ist in jedem Fall der »Gravad Lachs« mit Senf-Dill-Sauce.

In Schweden ist der Wildbestand sehr hoch und so kann man auch Elchgerichte in den Restaurants bekommen. In den Supermärkten kann man ebenfalls Elchfleisch und Elchwurst kaufen. Probieren sollte man ebenfalls Rentierfleisch. Eine kleine Attraktion ist das Smörgåsbord, das bekannte skandinavische Büfett. In einigen Restaurants kann man an diesem kulinarischen Spektakel teilnehmen. Dann werden die Gäste mit einer langen Tafel, auf der unzählige kalte und warme Speisen angeboten werden, verwöhnt. Smörgåsbord lässt sich mit »Butter-Gans-Tisch« übersetzen und bietet weit mehr als Butter und Gans. So hat der hungrige Gast die Qual der Wahl und blickt auf ein Büfett mit vielen verschiedenen belegten Broten, warmen Fisch- und Fleischgerichten sowie Gemüsegerichten, Salaten, Kuchen, Desserts und selbst Käse und Obst fehlt nicht. Dieses typische skandinavische Büfett spielt jedoch im Alltag der Schweden eine untergeordnete Rolle, weil es viel zu aufwendig ist. An Festtagen wie Weihnachten wird die Tafel jedoch reichhaltig gedeckt. Wer ein Restaurant (restaurang) aufsuchen möchte, kann in der Mittagszeit viel Geld sparen, denn dann werden Tagesmenüs unter dem Namen »Dagens Rätt« oder »Lunch« zu einem günstigen Preis angeboten und hier muss man nicht auf »bröd og smör« verzichten, dann werden, ty-

Rechte Seite: Reisen in Schweden bedeutet Urlaub in der Natur. Dennoch sollte man sich auch der schwedischen Küche widmen und sich in einem Restaurant an einen gedeckten Tisch setzen.

Es macht Spaß, mit dem Wohnmobil in Schweden unterwegs zu sein.

einem Spiegelei servieren. Im Kühlregal bekommt man »Köttbullar«, kleine Hackbällchen, die man mit brauner Sauce, Preiselbeerkompott und Kartoffeln isst.

Ein Vorurteil eilt dem Thema Getränke voraus. Die alkoholische Getränke sind in Schweden zwar teurer als in der Heimat aber erreichen keine astronomischen Summen. In den Supermärkten kauft man alkoholfreies oder alkoholreduziertes Bier (lättöl, ca. 2 %) zu normalen Preisen. Normales Bier, Wein und Hochprozentiges kauft man in den staatlichen Monopolgeschäften (systembolaget). Die meisten Restaurants haben eine Schanklizenz für alkoholhaltige Getränke. Eine skandinavische Besonderheit ist das »påfyll«. Trinkt man irgendwo Kaffee, so bezahlt man eine kleine Summe für das »påfyll« und füllt seine Tasse das zweite Mal nach. Dazu ist man am besten eines der schmackhaften Hefegebäcke. Smaklig måltid – Guten Appetit!

Camping in Schweden

Camping boomt und schon lange hat der Campingurlaub nichts mehr gemeinsam mit einem spartanischen Leben im Zelt. Die Reisemobilisten erfreuen sich an der Freiheit, die ihre Wohnmobile ihnen bieten, und genießen den Komfort. In Schweden erfährt man durch die Kombination von naturnahen Campingplätzen, einem gut ausgebauten Verkehrsnetz mit einer guten Beschilderung, ausreichend großen Parkplätzen und vielen erholsamen Rast- und Pausenplätzen, dass Camping sehr viel Spaß machen kann. Mehr als 600 Campingplätze verteilen sich über das Land. Etwa 500 Plätze haben sich dem Schwedischen Campingverband (SCR) angeschlossen und präsentieren sich als gepflegte und gut ausgestattete Campingplätze (www.camping.se). Sie verfügen überwiegend über Ver- und Entsorgungsmöglichkeiten, Stromanschlüsse (CEE-Stecker) und gute sanitäre Anlagen sowie Küchen, Aufenthaltsräume und Kiosk. Am späten Nachmittag sollte man auf dem Campingplatz einchecken (überwiegend wird englisch und deutsch gesprochen) und dann zu Fuß oder mit dem Fahrrad die Umgebung erkunden, denn viele

pisch für Skandinavien, Brot und Butter vor der Hauptspeise gereicht. In den meisten Fällen bekommt man das bekannte Knäckebrot (rund oder eckig) mit leicht gesalzener Butter serviert. Hinzu kommt noch Salat, vielfach ein Getränk und abschließend eine Tasse Kaffee. Für wenig Geld sollte ab und zu die Küche im Wohnmobil kalt bleiben – es lohnt sich. Ein gutes Essen rundet man vielfach mit einem eiskalten Aquavit ab. In den Imbiss-Buden (gatukök) wird überwiegend Fast Food angeboten. Das Preisniveau ist natürlich niedriger als in den Restaurants und vereinzelt gibt es in der Mittagszeit auch Angebote.

In den Supermärkten bekommt man viele Gerichte schon fertig zubereitet. Schmackhaft und typisch ist »Pytt i panna« (im Gefrierbeutel) mit kleinen Würfeln aus Kartoffeln, Fleisch, Zwiebeln, Gewürzgurke und Rote Beete. Einfach in der Pfanne braten und mit

Land und Leute

Plätze haben eine herrliche naturnahe Lage an einem See, an der Küste oder an einem Fluss. Natürlich bieten sich neben Wanderungen und Radtouren auch noch weitere Aktivitäten an, und so kann man Angeln, sich ein Ruderboot oder ein Kanu ausleihen. Vielfach stehen dem Campinggast auch kostenpflichtig Motorboote zur Verfügung, sodass sich der Aktionsradius auf dem Wasser vergrößert. Man bezahlt pauschal für den Stellplatz, vielfach unabhängig von der Personenzahl. Wer etwas Geld sparen möchte, nutzt die Bordbatterie, denn der Strom muss extra bezahlt werden.

Stellplätze, wie man sie in Deutschland verstärkt antrifft, sind in Schweden die Ausnahme – aber im Kommen. Die Schweden selber bevorzugen die Campingplätze. Der schwedische Campingverband registriert alljährlich rund 17 Millionen Übernachtungen auf den Campingplätzen. Die größte ausländische Gästegruppe sind die Deutschen. Wenn die Schweden Urlaub haben, sind vereinzelt die sehr beliebten Plätze insbesondere in dem Monat Juli und rund um das Mittsommerfest am 23.6. ausgebucht. In der Regel ist jedoch immer ein Plätzchen zu finden. Einige Campinganlagen bieten mit dem »Quick-Stop« einen besonderen Service für Reisemobilisten zu einem günstigeren Preis an. Zwischen 21.00 und 9.00 Uhr kann man günstiger übernachten und natürlich Frischwasser auffüllen, Abwasser und die Chemietoilette entsorgen. Generell sind die Übernachtungskosten weitaus geringer als auf Campingplätzen in Mittel- und Südeuropa und so liegen die Übernachtungspreise zwischen 15 und 25 € (abhängig von der Saison, Lage, dem Stromverbrauch und der Personenzahl).

Ein ganz besonderes sensibles Thema ist das »Wildcamping«, denn in unseren Köpfen steht in Schweden ausreichend Platz zur Verfügung. Darüber hinaus möchten viele Wohnmobilreisende die herrliche Natur hautnah erleben und wünschen sich daher eine Übernachtungsmöglichkeit abseits der Campingplätze. Generell ist das Übernachten außerhalb der Campingplätze erlaubt. Besondere Schilder z. B. an Rast- und Parkplätzen verbieten jedoch das Campieren. Verboten ist es auch die befestigten Straßen zu Übernachtungszwecken zu verlassen und in der Nähe von Wohnhäusern, auf Privatgrundstücken und auf landwirtschaftlichen Nutzflächen zu übernachten. Leider werden immer wieder Verbote missachtet und Wildcamping durchgeführt. Die Camper berufen sich hierbei auf das »Jedermannsrecht« (allemansrätten, siehe auch www.allemansratten.se) und wissen jedoch nicht, dass dieses »Recht zum Gemeingebrauch« nicht schriftlich verankert ist und auch aus einer Zeit stammt, in der das Reisen keine Rolle spielte. Die Kernaussage des Jedermannsrechtes ist »Nicht stören und

Zahlreich sind die guten Campingplätze in Schweden.

nicht zerstören«. Damit man weiterhin auf gastfreundliche Schweden trifft und einen unbeschwerten Urlaub erleben kann, sollte man daher einen Stellplatz oder einen Campingplatz ansteuern.

Obwohl man sich in Schweden sicher fühlt und die Kriminalrate weitaus niedriger ist als in anderen Ländern, kam es in den vergangenen Jahren insbesondere auf Rastplätzen an der E6 zwischen Malmö und der norwegischen Grenze zu nächtlichen Überfällen auf Reisemobilisten. Darauf werden die Reisemobilisten vor Ort durch eine Kampagne der Polizei und deutschsprachige Schilder an Rastplätzen hingewiesen. Auch wenn die Zahlen gering sind, so kann ein Überfall schnell die gelassene Urlaubsstimmung trüben.

Wichtig ist auch, dass man mit einer vollen oder je nach Reisedauer mit zwei vollen Gasflaschen nach Schweden reist. In Schweden gibt es nur wenige Umtauschstellen für die gängige »Camping-Europa-Umtauschflasche«. Schwedische Gasflaschen haben andere Anschlüsse. Wer mit einer Tankflasche unterwegs ist, kann an wenigen Tankstellen seine Flasche füllen lassen (Achtung! Auf keinen Fall »fordongas/Erdgas« tanken!)

Für die Campingplätze benötigt man die »Camping Card Scandinavia«. Diese Karte kann man kostenlos beim SCR (Schwedischen Campingverband) bestellen und kauft eine kostenpflichtige Jahresmarke auf dem ersten Campingplatz. Adresse: SCR, Mässans gata 10, S-41251 Göteborg, Fax 00 46-522-64 24 30; www.camping.se. Alternativ erhält man eine provisorische Campingkarte auf dem ersten schwedischen Campingplatz und kauft dort die Jahresmarke. Mit der Campingkarte erhält der Inhaber eine Unfallversicherung und bekommt bei vielen Kooperationspartnern auch Rabatte (u. a. Fährgesellschaften, Attraktionen und Freizeitparks). Informationen über Schweden und ein Campingverzeichnis mit Bestellformular für die Campingkarte erhält man natürlich auch vom Schwedischen Fremdenverkehrsverband (Adresse siehe Reiseinfo von A – Z). Auch beim Besuch der Touristeninformationen vor Ort sollte man sich über die Campingplätze und Stellplätze informieren.

Reiseaktivitäten und Ausrüstung

Ein Wohnmobil bietet glücklicherweise mehr Platz als ein Reisekoffer und so sollte man auch die Ausrüstung für seine geliebten Freizeitaktivitäten stets im Staufach oder in der Heckgarage haben. Wenig Platz nehmen die Wanderschuhe ein, die in Schweden oft zum Einsatz kommen werden. Ob auf felsigen Küstenpfaden, auf morastigen Waldwegen oder auf Wegen an steinigen Flussufern, sie bieten sicheren Halt und den nötigen Grip. Wandern macht Spaß in Schweden und zahlreich sind die lohnenswerten Wanderwege, nicht nur in Nationalparks. Natürlich ist man bei längeren Wanderungen mit der Karte, dem Kompass, evtl. GPS-Gerät, Proviant und der richtigen Kleidung unterwegs. Hat man noch Platz für das Fahrrad, so sollte man es ebenfalls mitführen, denn unvergessen wird das Radfahren in den Großstädten wie Stockholm, entlang des Göta-Kanals oder auf der Insel Öland sein. Es lohnt sich die nahegelegenen Ziele mit dem Fahrrad anzusteuern. In Schweden wird Wassersport ganz groß geschrieben und fast jeder sechste Schwede verfügt über ein Boot. 11.500 Kilometer Festlandküste und 96.000 Seen laden zum ausgiebigen Wassersportvergnügen ein. Es macht Spaß über die Seen zu rudern, mit dem Kanu lautlos dahin zu gleiten, mit einem Segelboot die Kraft des Windes zu nutzen oder mit dem Motorboot größere Touren zu unternehmen. Auf den Campingplätzen kann man vielfach Boote

Stellplätze direkt am Göta-Kanal, wie in Lyrestad, sind eine Seltenheit in Schweden.

Das Fahrrad sollte nach Möglichkeit mitgenommen werden. Mit dem Fahrrad ist man prima unterwegs, so wie auf der Insel Öland.

mieten oder man ist bei der Vermittlung behilflich. Wer mit dem Boot unterwegs ist, sollte auch die Angel auswerfen. An der Küste und an den fünf großen Seen (Vänernsee, Vätternsee, Mälarsee, Hjälmaren und Storsjön) kann man ohne Angelkarte fischen, ansonsten kauft man bei der Touristeninformation oder in Sportgeschäften die notwendige Angelkarte. Auch die Golfausrüstung sollte der passionierte Golfspieler mitnehmen, denn der Golfsport ist in Schweden sehr verbreitet. Rund 400 Golfplätze verteilen sich über das Land. Auf einigen Plätzen kann man ohne eine Mitgliedschaft, jedoch gegen Gebühr die Bälle abschlagen. Infos erhält man von den örtlichen Touristenbüros oder unter www.golf.se und www.golfsweden.com.

Neben den aufgeführten Utensilien für die Reiseaktivitäten sollte auch das Wohnmobil gut ausgerüstet sein. Neben der üblichen Campingausrüstung sollten die Fenster mit einem Insektenrollo und die Tür mit einer Insektentür ausgestattet sein. Die benötigten Medikamente sowie eine Bordapotheke sollte stets mitgeführt werden – hierbei darf ein Mückenschutz nicht fehlen.

Kleiner Sprachführer

Die schwedische Sprache gehört zur nordgermanischen oder skandinavischen Sprachengruppe. Im Allgemeinen gibt es keine Kommunikationsprobleme, denn ein Großteil der Schweden (insbesondere im Fremdenverkehrsgewerbe) sprechen Englisch und vereinzelt Deutsch. Im Schwedischen gibt es neben den uns bekannten Buchstaben auch das Å/å, das wie ein dunkler langer o-Laut gesprochen wird. Das »u« und das »y« wird wie »ü« und das »O« wie ein »u« ausgesprochen. Darüber hinaus werden »kj«, »stj«, »tj« und »sj« wie »sch« ausgesprochen, d. h. das schwedische Wort »sjö« (See) wird wie »schö« ausgesprochen. Mit einem Grundwortschatz Schwedisch kommt man auch in Norwegen und Dänemark weiter. Auf Seite 24 finden Sie einige wichtige Wörter.

Die richtige Literatur an Bord

Einen wegweisenden Reiseführer halten Sie bereits in der Hand. Er versucht im Rahmen des Buchumfangs viele Informationen über Land und Leute sowie die entsprechenden Routen zu liefern.

Wer seine Vorfreude steigern möchte, sollte in dem Bildband »Schweden« blättern. Tolle Bilder und informativer Text kennzeichnen das 160 Seiten starke Werk (Bucher Verlag, ISBN 978-3-7658-1304-4).

Für Kanufreunde und diejenigen, die im Schweden-Urlaub ein Kanu mieten und naturnah die herrliche Seen- und Flusslandschaft entdecken möchten, empfiehlt sich

Land und Leute

der Kanuführer Südschweden von Peter Mertz. Auf 192 Seiten werden 30 Routen ausführlich vorgestellt. Die einleitenden Seiten vermitteln Basiswissen über das Fahren mit dem Kanu in Schweden und Landeskunde (Bruckmann Verlag, ISBN 978-3-7654-4574-3).

Eine unglaubliche Fülle an Informationen liefert der Reiseführer »Südschweden« aus dem Michael Müller Verlag. Sabine Gorsemann stellt auf 288 Seiten Südschweden vor (ISBN 978-3-89953-409-2).

Über die Campingplätze informiert ausführlich der ADAC-Campingführer Nordeuropa, der jedes Jahr aktualisiert erscheint. Er beschreibt u. a. die Ausstattung, die Lage, die Vergleichspreise und die Anfahrt. In dem ADAC-Stellplatzführer Europa sind auch die Stellplätze in Schweden zu finden. Bei der Routenplanung am Computer kann auch der ADAC-Tourenplaner »Camping & Wohnmobil« behilflich sein.

Ohne eine vernünftige Karte sollte man in Schweden nicht unterwegs sein. Aus dem Kartenverlag Kümmel+Frey kommen gute Karten mit touristischen Informationen. Für den südlichen Teil benötigt man das Karten-

» REISE UND UNTERKUNFT

Übernachtung	–	övernatting
Campingplatz	–	campingplats
Fähre	–	färja
Wohnmobil	–	husbil
Krankenhaus	–	sjukhus
Toilette	–	toaletten
Arzt	–	läkare
Rechts	–	till högter
Links	–	till vänster
Geradeaus	–	rakt fram
Was kostet ...?	–	vad kostar?

» DIE WICHTIGSTEN WÖRTER

Ja	–	ja	Auf Wiedersehen!	–	Adjö!
Nein	–	nej			
Danke	–	tack	Ich verstehe nicht ...	–	jag förstår inte ...
Bitte	–	varsågod			
Guten Morgen!	–	Gog morgon!	Sprechen Sie deutsch?	–	Talar du tyska!
Guten Tag!	–	God dag! (Hej!)	Wo ist...?	–	var är ...?
Guten Abend!	–	God afton!	Deutschland	–	Tyskland

» ESSEN UND TRINKEN

Restaurant	–	restaurang
Vorspeise	–	förrätter
Mittagessen	–	lunch
Abendessen	–	middag
Bier	–	öl
Milch	–	mjölk
Weißwein	–	vitt vin
Rotwein	–	rött vin
Wasser	–	vatten
Fleischgericht	–	kötträtter
Fischgericht	–	fisk
Brot	–	bröd
Butter	–	smör
Rechnung	–	kvitto, notan
Guten Appetit!	–	Smaklig måltid!

» ZAHLEN

Zahlen								
0	–	noll	11	–	elva	30	–	trettio
1	–	en, ett	12	–	tolv	40	–	fyrtio
2	–	två	13	–	tretton	50	–	femtio
3	–	tre	14	–	fjorton	60	–	sextio
4	–	fyra	15	–	femton	70	–	sjuttio
5	–	fem	16	–	sexton	80	–	åttio
6	–	sex	17	–	jutton	90	–	nittio
7	–	sju	18	–	aderton	100	–	hundra
8	–	åtta	19	–	nitton	101	–	hundra en
9	–	nio, nie	20	–	tjugo	200	–	två hundra
10	–	tio	21	–	tjugo en	300	–	tre hundra
			22	–	tjugo två	1000	–	tusen

» GEOGRAFIE

Altstadt	–	gamla stan
Brücke	–	bro
Dorf	–	by
Hügel	–	hulle
Meer	–	hav
See	–	sjö
Strand	–	strand
Tal	–	dal
Straße	–	gatan
Hafen	–	hamn

» WOCHENTAGE

Montag	–	måndag	Freitag	–	fredag
Dienstag	–	tisdag	Samstag	–	lördag
Mittwoch	–	onsdag	Sonntag	–	söndag
Donnerstag	–	torsdag			

Land und Leute

blatt 1 »Süd-Schweden (Süd)« (Malmö-Växjö-Kalmar; ISBN 3-259-01261-3) im Maßstab 1:250000. Das Blatt 2 »Süd-Schweden (West)« umfasst Südwestschweden, Küste und die großen Seen Vänernsee und Vätternsee (ISBN 3-259-01262-1; Maßstab 1:250000). Der östliche Teil Südschwedens und teilweise Mittelschweden umfasst das Blatt 3 »Süd-Schweden (Ost)« (ISBN 3-259-01261-3), ebenfalls im Maßstab 1:250000. Wesentlich günstiger ist es jedoch, in Schweden an der Statoil-Tankstelle den Atlas »Norden« zu kaufen. Hierbei erhält man für den Preis von zwei Karten einen umfangreichen Atlas. Dänemark, Norwegen und natürlich Schweden sind komplett auf Karten im Maßstab 1:300000 dargestellt. Darüber hinaus erleichtert ein Ortsregister die Suche.

Nachfolgende Doppelseite: Rund um den Siljansee herrscht »Idylle pur«.

» INFOS FÜR DEN REISEMOBILIST

Verkehrsbestimmungen
Generell fährt man mit Abblendlicht und es besteht Anschnallpflicht. Die Geschwindigkeitsbegrenzungen sollten eingehalten werden, denn Überschreitungen werden streng geahndet. An den wichtigen Verbindungsstraßen stehen oft Radaranlagen, mittlerweile als moderne Säulen. Innerorts beträgt die Höchstgeschwindigkeit 50 km/h, auf den Landstraßen je nach Beschilderung 70 – 90 km/h, auf Schnellstraßen 90 – 110 km/h (über 3,5 t: 80 – 90 km/h) und auf der Autobahn 110 km/h (über 3,5 t: 90 km/h). Die Promillegrenze liegt bei 0,2.
Sollte man mit dem Wohnmobil langsam unterwegs sein, so fährt man auch auf dem rechten Seitenstreifen, damit der nachfolgende Verkehr überholen kann. Auf schmalen Straßen sind die Ausweichstellen durch ein blaues Schild mit einem weißen »M« gekennzeichnet.

Papiere
Mitführen muss man neben dem Führerschein auch den Fahrzeugschein. Empfehlenswert ist auch die Internationale Grüne Versicherungskarte. An dem Fahrzeug muss ein Nationalitätenkennzeichen angebracht sein.

Wildwechsel
Die Schilder »Wildwechsel« müssen beachtet werden. Darüber hinaus weisen Bremsspuren auf einen Wildwechsel hin (durch ABS werden Bremsspuren jedoch seltener). Während der Dämmerung sollte man besonders achtsam fahren, dann überqueren Elche und Rehe (im Norden die Rentiere) häufiger die Fahrbahn. Fast jeder zweite Unfall in Schweden ist ein Zusammenstoß mit einem Tier. Eine Kollision kann für Fahrer und Tier gleichermaßen tödlich sein. Nach einem Zusammenstoß muss die Polizei informiert werden, Tel. 112.

Park – und Rastplätze
Die Pausen lohnen sich entlang der Routen, denn viele Rast- und Stellplätze bieten Picknick-Bänke und teilweise bei einer Lage am See auch Badestege. Überwiegend stehen Toiletten zur Verfügung und große Hinweistafeln informieren über die Region. In kleinen Kästen liegt oft Informationsmaterial bereit. Über die Lage der Rastplätze kann man sich unter www.vv.se informieren.

Pannenhilfe
Im Falle einer Panne sollte man sich an den ADAC (Tel. 00 49-89 22 22 22), an die schwedische Pannenhilfe FALCK (Tel. 087 67 90 00) oder »Assistance Centralen« (Tel. 020-21 85 40) wenden. Weiterhelfen können auch die Hotlines der Fahrzeughersteller (siehe Serviceheft).

Tanken
Das Tankstellennetz ist in Süd- und Mittelschweden sehr gut ausgebaut und die Dieselpreise sind ähnlich hoch wie in Deutschland. Steht an der Zapfsäule »Kassa« so bezahlt man an der Kasse – »Sedel« oder »Konto« bedeutet, dass man mit der Kreditkarte oder am Automaten mit Geldscheinen (20, 50 und 100-Kronen-Scheine) bezahlen kann. Vielfach ist das Tanken an den Automaten günstiger.

Winter
Moderne Wohnmobile sind wintertauglich und ein Urlaub in den Wintermonaten gehört in Schweden insbesondere in den Wintersportgebieten zu einem besonderen Erlebnis. Natürlich muss man dann mit Winterreifen unterwegs sein und Schneeketten stets bei sich führen. In der Zeit vom 1. Oktober bis zum 30. April darf auch mit Spikesreifen gefahren werden. Wer länger unterwegs ist, sollte sich beim schwedischen Reifenhändler Spikesreifen aufziehen lassen. Auf manchen Strecken wird dann die zulässige Höchstgeschwindigkeit herabgesetzt. Zur weiteren Ausrüstung gehören dann auch zweite Gasflasche, Schaufel, ausreichender Frostschutz, Besen und lange Eiskratzer.

Der alte Buckel-Volvo ist aus dem schwedischen Straßenbild noch nicht ganz verschwunden.

» DIE ROUTEN

1 SKÅNE – IMMER AN DER SÜDSCHWEDISCHEN KÜSTE ENTLANG

Erholsame Sandstrände, muntere Wikinger und interessante Städte

Start- und Endpunkt: Malmö und Bromölla **Strecken:** E6/E22, RV9, RV19, RV 118, E22
Beste Jahreszeit: Mai bis September **Fahrzeit:** 7–14 Tage **Streckenlänge:** 250 bis 300 km

Reisen im südlichsten Zipfel Schwedens bedeutet Erholung pur, denn die Etappen sind kurz und immer wieder kann man sein Badelaken am Strand ausbreiten. 400 Kilometer feinster Sandstrand, komfortable Campingplätze und flache Ostseewellen laden zum Strandurlaub ein. Eintönig wird es jedoch nicht, denn für Abwechslung sorgen die vielseitige Stadt Malmö, die Universitätsstadt Lund oder die Wallander-Metropole Ystad. Die Zeit dreht man in Hölleviken bei einem Besuch im Wikingerdorf zurück. Darüber hinaus stößt man auf bedeutende prähistorische Zeugnisse und den Nationalpark Stenshuvud.

Skåne – Die südschwedische Küste

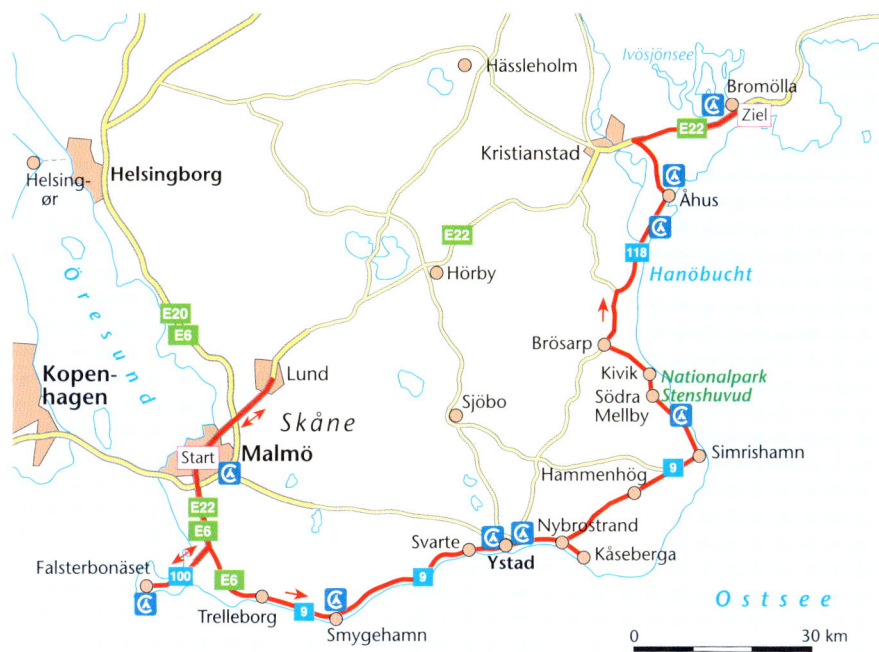

Bild links:
Der Stenshuvud Nationalpark verfügt über schöne Strände mit feinstem Sand.

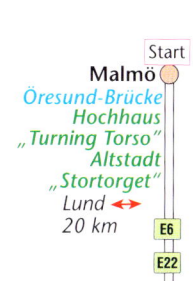

Die Reiseroute von Malmö bis Bromölla beginnt in der drittgrößten Stadt des Landes, der sehenswerten Metropole **Malmö**. Über die Öresund-Brücke oder mit den Fähren, die die Fährstadt **Trelleborg** ansteuern, erreicht man schnell den Ausgangspunkt der Reise an der Küste der südlichen Provinz Skåne entlang. Die Provinz **Skåne** vermittelt eher ein dänisches als ein schwedisches Bild, das liegt auch daran, dass dieser Landesteil über mehr als 600 Jahre dänisch war und erst nach dem Frieden von Roskilde im Jahre 1658 wieder Teil des schwedischen Königreiches wurde. Bilder der flachwelligen Landschaft mit ihren Getreidefeldern und mittendrin die kleinen Orte mit den weißen Steinkirchen könnten auch in einem Dänemark-Bildband zu finden sein. Die Sprache hat hier ebenfalls einen leicht dänischen Akzent. Schweden und Dänemark sind durch den Öresund getrennt und nachdem im Jahre 2000 die Brücke zwischen der dänischen Insel Seeland, auf der auch die Hauptstadt Kopenhagen liegt, und dem schwedischen Festland nahe Malmö eröffnet wurde, sind die beiden Länder sich einander nahe wie nie zuvor. Es folgte ein anhaltender wirtschaftlicher Aufschwung und so gehört die Öresund-Region zu den boomenden Wirtschaftsregionen in Europa. Hier entwickelte sich u.a. das Medicon Valley mit einer medizin- und biotechnologischen sowie pharmazeutischen Industrie zum wichtigsten Standort in Nordeuropa. Immer mehr Menschen siedeln sich in der aufstrebenden Region an. Die Provinz Skåne ist weitaus dichter besiedelt als andere schwedische Landstriche und hier leben immerhin

Der Turning Torso in Malmö ist mit 190 Metern das höchste Bauwerk des Landes.

Tour 1

> **» SPECIAL**
>
> **Öresund-Brücke**
> Jahrzehnte wurden die Skandinavienbegeisterten mit ihren Wohnmobilen von den großen Fähren nach Norwegen und Schweden befördert. Seit dem Jahr 2000 können die Reisemobilsten über die Öresund-Brücke fahren. Von Malmö oder besser vom Campingplatz »Malmö Camping & Feriesenter« hat man einen grandiosen Blick auf das historische Bauwerk. Die 15 Kilometer lange Brücke überspannt den Öresund und bietet den Schiffen eine Durchfahrtshöhe von 57 Metern. Auf der oberen Fahrbahn fahren die Kraftfahrzeuge (Brückenmaut!) und darunter ist die Eisenbahn unterwegs (www.oresundsbron.com).

rund 1,2 Millionen Menschen. Abseits der Städte Malmö und Lund stößt man auf beschauliche Städte und idyllische Dörfer.

Sicherlich kommt man bei der kurzen Anreise nach Malmö schnell ins Grübeln ob man sich tatsächlich ins Großstadtgetümmel stürzen sollte. Am besten das Wohnmobil auf dem Campingplatz »Malmö Camping & Feriesenter« abstellen und dann mit dem Bus oder mit dem Fahrrad ins reizvolle Stadtzentrum fahren (8 km).

Malmö – Nicht vorbeifahren

Die Metropole **Malmö** hat sich wie kaum eine andere Stadt Skandinaviens schnell gewandelt, und wer sich vor Jahren der Stadt näherte, erblickte von weitem schon den gigantischen Kockum-Hebekran am Hafenbecken. Er musste weichen und nun sieht man das in progressiver Architektur erbaute **Hochhaus »Turning Torso«,** das 190 Meter in den Himmel ragt und das höchste Bauwerk des Landes ist. Gleich nebenan am Västra Hamnen ist ein exklusives Wohnviertel entstanden. An vielen Stellen hört man die Presslufthämmer und sieht drehende Betonmischer. Ein gigantischer City Tunnel entsteht, damit die Städte Kopenhagen und Malmö via Öresund-Brücke eine direkte Zugverbindung haben. Weitere moderne Bauwerke wie die neue Universität sind geschaffen worden und weitere werden entstehen. So werden die 271.000 Bürger der drittgrößten Stadt Schwedens stetige Veränderung erfahren. Ein kurzer Blick auf die Geschichte, die sich bis in das 12. Jahrhundert zurückverfolgen lässt: Im Jahre 1170 wird der Stadtname erstmalig urkundlich erwähnt. Zunächst bot die seichte Lomma-Bucht eine gute Grundlage für den Fischfang und im 14. Jahrhundert wurde die damals dänische Stadt zu einem wichtigen Handelsplatz zwischen Dänemark und Schweden. Im Jahre 1434 ließ König Erik von Pommern die **Burg Malmöhus** errichten, die die reiche Handelsstadt vor Übergriffen der Hanse schützen sollte. Malmö war die zweitgrößte Stadt Dänemarks und besaß auch das Münzrecht. Nach dem Frieden von Roskilde im Jahr 1658 ging Malmö in schwedischen Besitz über. Um die neue Zugehörigkeit zu sichern, begann man mit dem Bau von Festungen. 1677 versuchte Dänemark erneut, Malmö unter seine Flagge zu bekommen. Über Jahrhunderte hinweg, bis ins 17. Jahrhundert, lieferten sich die bei-

Entlang der Route stößt man immer wieder auf kleine Sporthäfen.

Skåne – Die südschwedische Küste

den rivalisierenden Länder viele Schlachten, durch die zahlreiche Gebäude zerstört wurden. Im 18. Jahrhundert begann für Malmö ein erneuter wirtschaftlicher Aufschwung, und auch die Bedeutung des Hafens wuchs, der heute nach Göteborg der wichtigste Hafen Skandinaviens ist.

Heute präsentiert sich **Malmö** als vielseitige Stadt. Sie ist Provinzhauptstadt und eine beliebte Messe- und Kongressstadt. Das Herz der Stadt schlägt in der schönen Altstadt am »**Stortorget**«, der einer der größten Plätze in Skandinavien ist. Inmitten des Platzes steht das Reiterstandbild mit König Karl X. Gustav,

Malmö ist eine lebendige Stadt mit vielen Straßencafés.

> » **TIPP**
>
> Wer Zeit genug hat und sich eingehender mit der Stadt und den Attraktionen beschäftigen möchte, sollte sich die Malmö-Karte (Malmökortet) besorgen. Sie bietet viele Vergünstigungen und freie Eintritte und kann für ein, zwei oder drei Tage erworben werden (www.malmö.se/turist).

das 1896 John Börkesson schuf. Direkt an der Ostseite des großen Marktplatzes, hinter dem 1964 von Stig Blomberg kunstvoll geschaffenen Brunnen, steht das prachtvolle **Rathaus**. Es wurde 1546 im niederländischen Renaissancestil errichtet und in der Folgezeit oft verändert. Aus dem 16. Jahrhundert stammt le-

Auf dem Hauptplatz, dem »Stortorget«, steht das Reiterstandbild von König Karl X. Gustav.

Am Stortorget steht mit dem Rathaus eines der schönsten Bauwerke der Stadt Malmö.

diglich das alte Kellergewölbe und sehr sehenswert ist der Saal des Königs Knut. Schräg gegenüber vom Rathaus steht die Residenz des Landeshauptmannes, die aus zwei Häusern aus dem 17. Jahrhundert besteht. Die Fassade wurde 1860 neu geschaffen. Nur wenige Meter sind es zum beliebten Platz »**Lilla Torget**« (Kleiner Markt), der 1591 angelegt wurde und dem Kleinhandel diente. Er ist ein hübscher, historischer Platz im Zentrum Malmös mit einigen schönen Fachwerkhäusern und einladenden Straßenrestaurants. Sehenswertes Gotteshaus ist die **St.-Petri-Kirche**, die im frühen 14. Jahrhundert im baltisch-gotischen Stil nach dem Vorbild der Lübecker Marienkirche erbaut wurde. Beeindruckend sind der Hochaltar (1607–1611), die Kanzel, das Taufbecken und die schönen Wandmalereien stammen von 1529. Der Hochaltar gehört mit seinen 15 Metern zu einem der größten in Skandinavien. Innerhalb des Stadtzentrums befinden sich weitere alte Gebäude: das **Ulfeldskahuset**, das 1510 erbaut wurde und über ein schönes restauriertes Kellergewölbe verfügt; das **Flensburgska huset** wurde 1595 im niederländischen Renaissancestil erbaut und ist ein altes Kaufmannshaus; das **Faxeskahuset** ist ein schönes Fachwerkhaus aus dem 18. Jahrhundert und das älteste Bürgerhaus Malmös ist das **Jörgen Kockshuset** (1525). Ein anderer lebhafter Platz im Zentrum ist der **Gustav-Adolfs-Torg**, der von netten Geschäften und einladenden Restaurants umgeben ist.

Die größte Sehenswürdigkeit der Stadt ist jedoch das alte **Schloss Malmöhus**, das von einem mächtigen Wassergrabensystem und einem schönen Park umgeben ist. Es wurde 1434 errichtet, fast 100 Jahre später zerstört und 1537 vom dänischen König wiederaufgebaut. Heute ist das Schloss das älteste nordische Schloss aus der Renaissance. Von 1828 bis 1914 diente es als Gefängnis, seit 1941 findet man dort bedeutende Museen. Insgesamt befinden sich innerhalb der historischen Mauern sieben Museen: Das Stadtmuseum informiert über die geschichtlichen Ereignisse des Landes. Im Tropikarium lassen sich tropische Tiere im nächtlichen Milieu beobachten. Weitere Museen sind das Spielzeugmuseum, das Militärmuseum, das Technische Museum und das Schifffahrtsmuseum. Im Naturmuseum sind in großen Schaukästen die Tiere des Lan-

Skåne – Die südschwedische Küste

» SEHENSWERT

Der Dom von Lund

Dieses sakrale Bauwerk ist eines der schönsten Beispiele der romanischen Baukunst im Norden Europas. Unter Anleitung des Architekten Donatus entstand eine dreischiffige Basilika mit Querhaus, halbrunder Apsis, Fassade aus zwei Türmen und einer Krypta. 1145 wurde der Hauptaltar durch den Erzbischof Eskil eingeweiht. 1234 wurde der Dom von einem verheerenden Feuer heimgesucht und große Teile zerstört. Nach und nach verfiel das Gotteshaus und so waren Ende des 18. Jahrhunderts umfangreiche Renovierungsmaßnahmen notwendig. Im folgenden Jahrhundert wurden aufwändige Restaurierungen durchgeführt und die Türme umgebaut. Das sehenswerte Innenleben des Domes begeistert nicht nur die Kirchenliebhaber. Die 1123 geschaffene Krypta beherbergt Grabsteine berühmter schwedischer Persönlichkeiten. Die weitere Ausstattung des Domes reicht vom kunstvoll geschnitzten Chorgestühl über bemerkenswerte Deckenmosaiken bis hin zu schönen Kirchenfenstern. Das wertvollste Inventar ist die Ende des 14. Jahrhunderts geschaffene Astronomische Uhr (Horologium mirbile Lundense). Um 12 Uhr sollte man sich vor der Uhr einfinden und beobachten wie die Heiligen Drei Könige der Muttergottes ihre Gaben überreichen. Rund um den Dom befinden sich weitere interessante Gebäude wie die mittelalterliche St. Laurentius Kapelle. Ebenfalls hinter dem Dom steht das Historische Museum, ein schöner Backsteinbau von 1848, in dem archäologische Funde aus Skåne zu sehen sind. In dem zugehörigen Kapitelhaus und Dommuseum werden beeindruckende Sammlungen religiöser Kunst gezeigt.

Hamnen«. Hier mussten die Industrieflächen schicken Wohnungen weichen, und so wohnen hier finanzkräftige Bürger und genießen den Blick auf den Öresund und die markante Brücke.

Rund 20 Kilometer nordöstlich von **Malmö** befindet sich eine der bekanntesten Städte Schwedens. Es ist die Universitätsstadt **Lund**, die man schnell über die Autobahn E22 erreicht. Aus der Ferne sieht man schon die Hauptattraktion, den großen Dom, der sich aus dem flachen Umland in den Himmel streckt.

Lund

Die erlebenswerte Stadt **Lund** gehört zu den ältesten Städten Skånes, sie zählt rund 102.000 Einwohner und ist Bischofssitz und renommierte Universitätsstadt. Sie wurde im Jahr 1020 von König Knut dem Großen ge-

Der Dom von Lund ist von weither sichtbar und er gehört zu den wichtigsten sakralen Bauwerken des Landes.

des ausgestellt, und in dem Aquarium kann man sich über das Leben in tropischen und nordischen Gewässern informieren. Im Kunstmuseum sind Kunst- und Kunstgewerbesammlungen vom 16. Jahrhundert bis zur Gegenwart zu bewundern. Ein Schwerpunkt ist die nordische Malerei des 20. Jahrhunderts. Kunstinteressierte sollten auch das Rooseum besuchen. Dieses privat finanzierte Kunstmuseum ist im 1900 erbauten Energiewerk untergebracht. Abschließend lohnt sich ein kleiner Rundgang in dem neuen Stadtteil »Västra

Tour 1

Im Jahre 1666 wurde die Universität von Lund gegründet. Heute zählt die Stadt rund 20.000 Studenten.

gründet und 1145 wurde die Domkirche fertiggestellt. Im Mittelalter war Lund geistiges und religiöses Zentrum Nordeuropas. Erst durch die Reformation, die sich gegen Ende des 16. Jahrhunderts vollzog, endete die Blütezeit. Im Jahre 1666 wurde die Universität eingerichtet. Das Straßenbild der gemütlichen Stadt wird durch die rund 20.000 Studenten geprägt. Gerade am Abend wird es in der Altstadt lebendig, denn dann treffen sich die wissbegierigen jungen Leute in den zahlreichen gemütlichen Kneipen und genießen ihr Studentenleben in »vollen Zügen«. Das Herz der Stadt schlägt am idyllischen Marktplatz, dem **Stortorget**. Hier stehen auch das Rathaus und die Stadthalle. Ein weiterer schöner Platz ist der **Mårtens Torget**, an dem auch das mittelalterliche **Krognoshuset** mit der 1960 errichteten Kunsthalle steht. Auf diesem lebhaften Platz wird auch der Wochenmarkt abgehalten.

Während Lund im Mittelalter das Zentrum des Glaubens war, ist die Stadt heute ein Zentrum der Medizin. Mit beachtlichen 1.400 Krankenbetten gehört die Universitätsklinik zu den größten Krankenhäusern des Landes. Auch der Tourismus spielt eine Rolle, was jeder Stadtbesucher beim Dombesuch, dem Wahrzeichen der Stadt, merkt. In der Nähe des Domes steht das alte Universitätsgebäude, das zwischen 1878 und 1882 von Helgo Zettervall erbaut wurde. Das weiße Bauwerk hebt sich von den umliegenden Gebäuden deutlich ab. Hierbei handelt es sich um die philosophische, juristische, theologische, biologische und medizinische Fakultät. Die übrigen Universitätsgebäude befinden sich außerhalb des Stadtzentrums. Am Tegnérplatz steht das informative **Kulturhistorische Museum**. Es wurde 1882 gegründet und gehört zu den wichtigsten Freilichtmuseen Schwedens. Im Hauptgebäude kann man Sammlungen zu den Themen Möbel, Waffen, Musikinstrumente und Trachten bewundern. Das benachbarte Freilichtmuseum zeigt alte Häuser, von denen zehn Häuser an ihrer ursprünglichen Stelle stehen. Die übrigen Gebäude stammen aus verschiedenen Landschaften Schwedens wie die Holzkirche (17. Jahrhundert) aus **Bosebo** in Småland. Auf dem Vorplatz des Kulturhistorischen Museums stehen einige geheimnisvolle Runensteine.

Nach dem lohnenswerten Ausflug nach **Lund** geht es über die E22 zurück in Richtung

Skåne – Die südschwedische Küste

Malmö. Über die Autobahn E6/E22 wird die Stadt umfahren. Einige große Einkaufszentren oder das bekannte schwedische Möbelgeschäft laden zum Shopping ein. Über die Ausfahrt 8 verlässt man dann die Autobahn und fährt über die Reichsstraße 100 auf die Halbinsel **Falsterbonäset**, die »Nase von Skåne«. Im Sommer zieht es viele Urlauber zu den herrlichen Stränden und im Herbst ziehen Millionen von Zugvögeln über die Halbinsel hinweg. Die beiden Dörfer **Skanör** und **Falsterbo** waren im 11. bis 14. Jahrhundert wohlhabende Fischerdörfer. Als die Heringsschwärme ausblieben, endete die Blütezeit. Heute haben wohlhabende Stadtbewohner aus Malmö ihren Zweitwohnsitz hier und genießen die Ruhe und die reine Seeluft. Im Sommer kommt jedoch wieder Hektik auf, wenn sich Reiter und Pferdefreunde zur bekannten »Falsterbo Horse Show« einfinden. Für die Übernachtung auf der Halbinsel bieten sich der Campingplatz »Ljungens Camping« und der Stellplatz am Hafen von Skanör an. Von diesem kostenpflichtigen Parkplatz hat man einen genialen Blick auf die Öresund-Brücke. Direkt am Hafen kann man Fisch kaufen, Essen gehen oder sich an den breiten Sandstränden relaxen.

Auf der Halbinsel Falsterbonäset trifft man auf herrliche Strände.

Die Halbinsel verlässt man wieder über die Straße mit der Nummer 100 und fährt über die Klappbrücke über den **Falsterbo-Kanal**. Nun sind es nur wenige Kilometer zu einer der spannendsten Attraktionen im Schweden-Urlaub. Die Zeit wird nun um 1000 Jahre zurückgedreht und der Reisende ist nun Gast in dem Wikingerdorf »**Fotevikens Wikingerreservat**«.

Mit dem Starten des Motors sind wir wieder im 21. Jahrhundert angekommen und mit dem gewünschten Komfort machen wir uns auf dem Weg zur E6, die nach Trelleborg führt. In der geschäftigen Hafenstadt stößt man erneut auf Spuren der Wikinger.

Trelleborg

Trelleborg (38.000 Einwohner) ist die südlichste Stadt des Landes und verfügt über einen wichtigen Fährhafen. Hier beginnt so mancher Reisemobilist seinen Urlaub. Aufgrund der großen Heringsschwärme war die Stadt bereits im Mittelalter wirtschaftlich bedeutend. In der Wikingerzeit ließen sich hier auch Kriegsgefangene nieder (trälar) und bauten auf der höchsten Stelle eine schützende Palisade und innerhalb eine Burg, was zu dem Namen Trelleborg führte. 1617 zerstörte ein Großfeuer große Teile der Stadt. Trelleborg bietet heute ein nettes Stadtzentrum mit gu-

» SEHENSWERT

Fotevikens Wikingerreservat
Nachdem man den Verteidigungswall passiert hat, steht man mitten in dem kleinen Wikingerreservat und taucht in die raue Zeit der Wikinger ein. Hier wird gelebt und gearbeitet wie zur Zeit der Wikinger. Die Angestellten des »Foteviken Museum« haben eine Ausbildung zum Wikinger absolviert und lassen keinen Zweifel aufkommen, dass sie alles über die Zeit der wenig zimperlichen Nordmänner wissen und sich auch so fühlen. Die Kleidung, nackte Füße oder die Bärte und langen Haare schaffen ein perfektes Erscheinungsbild. In dem Dorf wurden 24 Häuser wie zur Wikingerzeit gebaut und hier kann man den Wikingern auf die Finger schauen. Auf einer Führung erfährt man alles Wissenswerte. So manche witzige Anekdote wird auch gerne erzählt, zum Beispiel von den Touristen aus Übersee, die vereinzelt glauben, in diesem »Wikingerreservat« auf echte Wikinger zu treffen. Verständlich, denn alles wirkt hier so authentisch (www.foteviken.se).

In Trelleborg wurden 1988 die Reste einer Wikingerburg gefunden. Der Nachbau ist heute zu besichtigen.

Rechts: Zu den Sehenswürdigkeiten Trelleborgs gehört auch das Schifffahrtsmuseum.

man sich anschauen. Im Sommer finden hier auch Wikingerkämpfe statt.

Weiter geht es über die Reichsstraße 9 in östliche Richtung. Nach rund 15 Kilometern stößt man auf eine geografische Superlative. Es ist **Smygehuk** in **Smygehamn**, mit 55 Grad, 20 Minuten und 30 Sekunden der südlichste Punkt des Landes. Zunächst sollte man das Wohnmobil auf den großen Parkplatz (Stellplatz) parken. Wer hier länger stehen möchte, kann gegen Gebühr übernachten. Eine befestigte Plattform ragt hier wenige Meter in die Ostsee hinein, so dass jeder auch den südlichsten Punkt nicht verfehlen kann. Schilder weisen auf die Entfernung zu den Hauptstädten hin. Im alten Speicherhaus kann man Kunsthandwerk- und Glasprodukte bestaunen und kaufen. Natürlich kann man auch eine Kleinigkeit essen. Wie wäre es an diesem besonderen Punkt mit einem typischen Gericht aus Skåne: dickes Eieromelett mit gebratenem Speck und Preiselbeerkompott. Wer Fisch essen möchte, geht einige Meter weiter zu dem kleinen Hafen, einem beliebten Ausflugsziel. Hier steht man Schlange vor den Fischräuchereien. In der Umgebung gab die Kalkgewinnung und die Verarbeitung zu Putz und Mörtel den Bewohnern die gewünschte Arbeit. Seit 1954 haben die alten Kalköfen ihren Dienst eingestellt, und heute spielt un-

ten Einkaufsmöglichkeiten und einige Sehenswürdigkeiten wie der **alten Stadtkirche** aus dem 13. Jahrhundert, die jedoch zwischen 1881 und 1883 umfangreich erneuert wurde. Unübersehbar ist der 58 Meter hohen **Wasserturm** und nebenan lockt eine schöne Parkanlage. Vor dem Wasserturm befindet sich der Marktplatz mit dem sehenswerten Springbrunnen »**Sjöormen**« (Seeschlange) von Axel Ebbe. In der Axel-Ebbe-Kunsthalle sind die Werke des Bildhauers Axel Ebbe zu sehen, und das Stadtmuseum zeigt neben einer Sammlung zur Heimatgeschichte auch archäologische Funde aus der Region. 1988 entdeckte man die Reste der Wikingerburg und baute sie nach. Diese interessante Holzkonstruktion mit Palisaden und Torhaus sollte

Skåne – Die südschwedische Küste

verkennbar der Tourismus eine große Rolle – mit jährlich rund 200.000 Besuchern.

In Schweden macht das Fahren mit dem Wohnmobil viel Spaß, insbesondere auf der folgenden Etappe. Über die Reichsstraße 9 geht es immer an der Küste entlang und man fährt hierbei nur wenige Meter vom Wasser entfernt. Immer wieder laden Parkplätze zu einem kurzen Stopp ein, und wer es mag breitet sein Laken an dem Strand aus und springt in die erfrischenden Fluten der Ostsee. Das macht den Wohnmobilurlaub in Schweden aus: Man parkt an landschaftlich schönen Stellen, widmet sich der Natur, geht ein Stück spazieren oder badet, macht eine kleine Essenspause und steuert nach Lust und Laune das nächste Ziel an. Parkplätze sind ausreichend vorhanden, Parkgebühren selten und alles erscheint ungezwungen.

In Svarte befindet sich eine Schiffssetzung zwischen Strand und Straße. Für das nächste Ziel heißt es kühlen Kopf bewahren, denn mit Ystad betritt man ein grausames Pflaster, das durch schreckliche Morde und Bluttaten in der ganzen Welt bekannt geworden ist. Allerdings nicht in der Realität, sondern in den Krimis von Henning Mankell. Am Wassersporthafen kann man auf dem Parkplatz gegen Gebühr übernachten und die Sanitäranlagen des Hafens mitnutzen oder man fährt rund drei Kilometer weiter zum Campingplatz »Sandskogens Camping« und dann mit dem Fahrrad in die Stadt.

Ystad – Kurt Wallander Stadt

Das freundliche Städtchen Ystad beheimatet rund 27.000 Menschen und verfügt über einen geschäftigen Fährhafen, den die Fähren aus Polen und von der dänischen Insel Bornholm anlaufen. Im Mittelalter war Ystad eine wichtige Hafen- und Handelstadt und hatte eine große Bedeutung zur Zeit des Schmuggels. Seit dem 18. Jahrhundert ist ein Großteil der Innenstadt unversehrt geblieben. Vom modernen Hafen sind es nur wenige Schritte in die malerische Altstadt mit ihren schmucken Fachwerkhäusern. Auf dem Markt, dem Stortorget, sitzt man gemütlich vor ansehnlichen Bauwerken oder schlendert durch die Haupteinkaufsstraße mit ihren netten Geschäften. Kaum zu glauben, dass in dieser so friedlich wirkenden Stadt soviel Blut geflossen ist. Allerdings nur Filmblut, denn die spannenden Werke des schwedischen Erfolgsautors **Henning Mankell** (geb. 1948) wurden in Ystad auch verfilmt. So ist hier der **Kriminalkommissar Kurt Wallander** mittlerweile mit seiner Tochter Linda so manchen skrupellosen Verbrechern auf der Spur. Weil es immer mehr Wallander-Fans nach Ystad zieht, informiert das Fremdenverkehrsamt über die verschiedenen Schauplätze. Die Freiwillige Feuerwehr von Ystad bietet auch mit einem Oldtimer-Feuerwehrwagen eine richtige »**Wallander-Rundfahrt**« an. Natürlich hat die Stadt mehr zu bieten als die Straße Mariagatan, in der Wallander wohnt oder der Konditorei »Fridolfs Konditori«, die er auf eine Tasse Kaffee gerne besucht. Immerhin verfügt die Stadt über rund 300 schöne Fachwerkhäuser, die unter Denkmalschutz stehen. Das dunkle **Pilgrändshus** wurde 1480 errichtet und ist das älteste seiner Art in Skandinavien. Sehenswert

Am Gästehafen in Ystad befindet sich auch ein Wohnmobil-Stellplatz.

Tour 1

Ystad
7 km
Nybrostrand
12 km
Kåseberga
Ales Stenar
25 km
Hammenhög
13 km
Simrishamn
sehenswerte Altstadt
14 km
Södra Mellby

ist die St.-Maria-Kirche, deren Errichtung gleich mehrere Jahrhunderte in Anspruch nahm. Der Bau geht auf eine romanische Basilika aus dem 13. Jahrhundert zurück und der Turm wurde 1688 errichtet. Über die Stadtgeschichte kann man sich in dem ehemaligen **Gråbrödra-Kloster** informieren und in dem Charlotte Berlin Museum sind Hausrat und Möbel aus dem 19. Jahrhundert zu bewundern.

Die Krimimetropole Ystad verlässt der Reisemobilist über die Reichsstraße 9 in östliche Richtung. Zwischen der Straße und den Sandstränden gibt es zahlreiche Parkplätze. Hier kann man sein Wohnmobil abstellen, einen Strandspaziergang machen, Sonnenbaden oder in der Ostsee schwimmen. Nach wenigen Kilometern passiert man in Nybrostrand den reizvoll gelegenen Campingplatz »Nybrostrand Camping« dessen Stellplätze nur durch einen schmalen Dünengürtel vom schönen Sandstrand getrennt sind. Nach einigen Kilometern biegt man rechts in Richtung **Kåseberga** ab. Die Landstraße führt an großen Feldern vorbei und nach rund zehn Kilometern parkt man in dem kleinen Ort Kåseberga, spaziert hinauf auf den kleinen Bergrücken, um eine der großen und geheimnisvollen Attraktionen Skånes zu besichtigen.

Zurück geht es wieder über die Landstraße bis zur Reichsstraße 9, auf die man dann nach rechts abbiegt und in östliche Richtung fährt. Nach wenigen Kilometern erreicht man die Region Österlen. Die reizvolle Landschaft kommt gerade bei tiefstehender Sonne am besten zur Geltung. Die sanft geschwungenen Getreide-

» SEHENSWERT

Ales Stenar
Als Stonehenge von Schweden kann man die 67 Meter lange Schiffssetzung bezeichnen. Ihre Lage auf dem grünen Bergrücken oberhalb der Ostsee ist einmalig, verständlich also warum Kurt Wallander hier gerne ein Picknick macht. Die Steine wurden vor rund 1400 Jahren in Form eines Schiffsrumpfes aufgestellt. Bis heute ist nicht geklärt warum Ales Stenar angelegt wurde. War es ein Begräbnismonument, ein Denkmal für ertrunkene Schiffsmannschaften oder wurde hier der Sonnenaufgang zur Wintersonnenwende beobachtet? Fest steht jedoch, dass es sich hierbei um die größte erhaltene Schiffssetzung in Schweden handelt. Gleich nebenan ist von der Jüngeren Eisenzeit nicht mehr viel zu spüren, denn hier versuchen Waghalsige mit ihren Paraglidern abzuheben. Von dem sehenswerten Monument sollte man hinab zum schönen Hafen von Kåseberga gehen. Hier kann man gut speisen, geräucherte Fische oder Souvenirs kaufen und bei einem Eis den Blick über die Ostsee schweifen lassen (www.raa.se/alesstenar). In dem kleinen Ort lohnt sich auch der Blick in die Galerie »Galleri K«.

felder leuchten dann goldgelb und die kleinen Dörfer mit ihren weißen Kirchen werfen lange Schatten. In Hannas lohnt ein Blick in die romanische Kirche. Die weitere Fahrt führt in den Ort Hammenhög. Hier fährt man über Vallby zu einem besonderen Bauwerk. Es ist die **Burg Glimmingehus**, die am besten erhaltene mittelalterliche Burg in Skandinavien. Von 1499 bis 1505 baute man diese klotzig wirkende Burg,

Die Schiffssetzung Ales Stenar gibt den Wissenschaftlern heute noch Rätsel auf.

Skåne – Die südschwedische Küste

dessen Mauerwerk eine Mächtigkeit von 2,5 Metern hat. Seit 500 Jahren hat sich das Erscheinungsbild nicht verändert. Bei einer Führung nimmt man an einer Zeitreise ins Mittelalter teil. Über den kleinen Ort Östra Tommarp und die Reichsstraße 9 gelangt man nach rund 10 Kilometern in die freundliche Stadt Simrishamn.

» WANDERN

Stenshuvud Nationalpark

Die ernüchternde Information zu Beginn: rund 500.000 Besucher strömen alljährlich in den Nationalpark, der mit einer Größe von 380 Hektar zu den kleinen Naturschutzgebieten des Landes gehört. Landschaftlich wird der Nationalpark geprägt durch große Buchenwälder (Hain- und Rotbuche), an der Ostflanke des Berges durch einen Eichenwald sowie kleine Erlensümpfe, durch Heide und einen schmalen Sand- und Geröllstrand. Wer jedoch am späten Nachmittag oder am frühen Morgen den erlebenswerten Nationalpark besucht, wird von dem Trubel nicht viel mitbekommen. In dem Informationszentrum Naturum kann man sich sehr anschaulich über den erst 1986 eingerichteten Nationalpark informieren. Mit dem Wissen im Kopf, der Karte in der Hand, dem festen Schuhwerk an den Füßen und dem Proviant und der Badehose im Rucksack geht es über einen rund fünf Kilometer langen Rundweg durch den Nationalpark. Zunächst führt ein breiter Pfad durch den hohen Buchenwald und man passiert die Reste einer Fluchtburg aus der Jungsteinzeit. Dann erreicht man die Spitze des 97 Meter hohen Berges »Stenshuvud«. An dieser markanten Landmarke haben sich früher die Seefahrer orientiert. Von dem »Steinernen Haupt« hat man einen herrlichen Ausblick und kann bei klarer Sicht auch die Insel Bornholm sehen. Weiter geht es in nördliche Richtung durch den Buchenwald – Holztreppen erleichtern den Abstieg. Über Geröll erreicht man später den herrlichen Sandstrand und tauscht vielleicht die Trekkinghose gegen die Badehose. Erfrischt geht es über eine Weide hinauf zum Naturum. Mit viel Glück hat man bei der kurzen Wanderung die scheue Haselmaus, das Symboltier des Nationalparks, gesehen. Zu den weiteren besonderen Tieren gehören Springfrosch, Kreuzotter, Ringelnatter und Zauneidechse.
Infos unter www.stenshuvud.se.

Simrishamn

Die kleine Hafenstadt (20.000 Einwohner) gehört zu den schönen Fleckchen auf dieser Wohnmobilreise. Hat man erst einmal das Wohnmobil auf den ausreichend großen Parkplätzen am Hafen abgestellt, freut man sich auf die Stadterkundung. Das einstige Fischer-

In der Kirche von Simrishamn hängt dieses Votivschiff.

Im Stenshuvud Nationalpark überziehen Moose das Geröll.

Tour 1

Von den Hügeln im Stenshuvud Nationalpark hat man einen herrlichen Ausblick auf die Ostsee.

dorf hat sich dank der Heringsfischerei zu einem lebendigen Städtchen entwickelt. Als die Heringschwärme nicht mehr durch die seichten Gewässer rund um Simrishamn zogen, stellte die Lederfabrik eine wirtschaftliche Alternative dar. Darüber informiert auch das **Gerbereimuseum** im Strömska Gården. Mit zunehmenden Handel wurde auch die Segelschiffflotte zu einer der größten im Land ausgebaut. Heute präsentiert sich Simrishamn mit einer sehenswerten Altstadt, in der die kleinen Häuser mit ihren pastellfarbenen Fassaden und das alte Kopfsteinpflaster einen unvergleichlichen Charme versprühen. Einen Blick sollte man in die St. Nikolai-Kirche (13. Jahrhundert) werfen, in der Votivschiffe hängen. In der Altstadt laden einige Straßencafés und Restaurants zum Verweilen ein. Am Hafen gibt es einige Schnellimbisse. Hier kann man dann dem emsigen Treiben im Hafen zusehen, wie dem An- und Ablegen der Schnellfähre zur dänischen Insel **Bornholm**.

Simrishamn verlässt man in nördliche Richtung über die Reichsstraße 9 und erreicht nach zwei Kilometern den schönen Rastplatz »Vårhallen«, an dem man hinunter zum Meer gehen kann und auf interessante Steinformationen stößt. Die weitere Route führt durch ein Obstanbaugebiet (Apfel) bis zum sehr erlebenswerten Nationalpark **Stenshuvud**

Skåne – Die südschwedische Küste

(15 km). Hierbei fährt man in der Ortschaft Södra Mellby, in östliche Richtung in den ausgeschilderten Nationalpark hinein und parkt am Informationszentrum Naturum (siehe Kasten Seite 39).

Wer möchte, kann sich am Naturum noch stärken, bevor man in dem rund zehn Kilometer entfernten Ort Kivik das imposante Kiviksgrab besichtigt. Große Parkplätze stehen zur Verfügung.

Die folgenden zehn Kilometer zwischen Kivik und Brösarp gehören zu den landschaftlich interessantesten Abschnitten auf dieser Tour. Die Reichstraße 9 führt mitten durch »Brösarps Backar«. Man fährt hoch und runter und windet sich durch eine Landschaft mit kuppeligen Bergen (Grundmoränen), die sich abwechseln und scheinbar ein Muster erkennen lassen. An der linken Seite muss man auf dem Rastplatz eine Pause einlegen und die sanften Berge hinaufgehen. Unvergleichlich ist der Ausblick über die Hügelkette mit grünen Bergen und sanften Tälern vor dem schnurgraden Horizont der Ostsee. Durch

9
14 km Södra Mellby
Nationalpark Stenshuvud 9
10 km Kivik
Kiviksgrab „Brösarps Backar"
9
7 km Brösarp

Das Kiviksgrab in Kivik wurde vor rund 3.000 Jahren errichtet.

» SEHENSWERT

Kiviksgrab
Vor rund 3.000 Jahren wurde das geheimnisvolle Grab errichtet. Mit einem Durchmesser von 75 Metern ist es Schwedens größtes Grab aus der Bronzezeit. Inmitten des Gerölls befindet sich eine Grabkammer, die man begehen kann. In dem kleinen Raum stehen 10 Steinplatten mit geritzten Bildern, die Menschen, Tiere, Waffen, Schiffe und Symbole zeigen. Direkt neben dem Steingrab lädt das kuschelige Café Sågmöllan (Sägemühle) von 1870 zu einer Tasse Kaffee und einem typischen Hefegebäck ein.

Tour 1

Mit den vielen kleinen Hügeln gehört Brösarps Backar zu den ungewöhnlichen Landschaften Schwedens. Mittendrin befindet sich ein schöner Rastplatz.

Weidewirtschaft wird verhindert, dass Bäume und Sträucher nachwachsen und so ermöglicht, dass diese einmalige Landschaft erhalten bleibt.

In **Brösarp** sollte man sich an dem Informationszentrum (große Parkplätze) ausreichend mit Informationsmaterial eindecken, bevor es dann über die Reichsstraße 19 Richtung Kristiansand/Åhus weiter geht. Nach 10 Kilometern biegt man auf die Provinzstraße 118 (Richtung Åhus) ab und fährt im Abstand von rund zwei Kilometern immer parallel zur Küste. Ab und zu führen Wege rechts in den Kiefernwald und enden auf einem Parkplatz, von dem man dann die gering besuchten Sandstrände an der **Hanöbucht** erreichen kann. Zwischen **Kivik** und **Åhus** hat der feine Sandstrand eine Länge von 15 Kilometern. Inmitten der Kiefernwälder haben viele Schweden ihre Ferienhäuser. Direkt unterhalb der Straße, nahe der Ortschaft **Yngsjö**, liegt der empfehlenswerte Campingplatz »Helge Å Camping« an dem Fluss Helge Å. Wer weiterfährt erreicht mit der Stadt Åhus eine lebendige und äußerst interessante Stadt. Am Hafen befinden sich große Parkplätze (gebührenpflichtig), die auch zu Übernachtungszwecken genutzt werden können.

Åhus

Die beliebte Stadt **Åhus** ist der Hauptort an der Aalküste und ein Fremdenverkehrszentrum. Der Aalfang und die Verarbeitung hat hier eine lange Tradition. Durch den Fluss **Helge Å**, der einst durch Åhus floss, zogen die Aale ins Meer. Rund um die Stadt stehen alte Aalfängerkaten und natürlich gehören Aalgerichte zu den kulinarischen Highlights in der Region. Heute ist Åhus nicht nur für den Aal bekannt, sondern für Hochprozentiges, denn hier wird der Wodka »Absolut Vodka« gebrannt. Nicht nur für Wodka-Freunde lohnt

Skåne – Die südschwedische Küste

» SPEISEN

An der **Hafenpromenade** in **Åhus** (nähe Parkplatz) befindet sich das empfehlenswerte Restaurant »Pråmen«. Bei schönstem Wetter sitzt man draußen und kann den Wassersportlern beim Ein- und Auslaufen zusehen. Auf der Speisekarte locken u.a. schmackhafte Fischgerichte. Als Nachtisch kann man sich ein Eis an der Eisbar bestellen. In der Hauptsaison gibt es jeden Freitag und Samstag Live-Musik. Tel. 0708/30 02 40, www.pramen.net.

sich eine Führung in der Brennerei »**The Absolut Company**«. 100 % begeistert werden Kinder von dem Eis-Boot sein. Im Hafen liegt am Kai das »**Glassbåten**« und verkauft große Portionen schmackhaften Speiseeises. Mit dem Eishörnchen in der Hand sollte man am Hafen (Reisemobilparkplatz direkt nebenan) seinen Stadtrundgang beginnen. Es geht in westliche Richtung am Kai »**Gamla Skeppsbron**« entlang. Hier haben die Wassersportler ihre Schiffe liegen und gegenüber sieht man prächtige Häuser. Man passiert die Brennereien und biegt später in die alte Straße **Västra Hamngatan** ein. Malerische Häuser säumen die Straße, die hinauf zum Marktplatz, dem Torget führt. Rund um den alten Markt mit Kopfsteinpflaster reihen sich pittoreske Häuser, das alte Rathaus und die schöne Marienkirche aus dem 13. Jahrhundert.

Allmählich ist das Ziel der Reise in greifbarer Nähe, denn über die Reichsstraße 118 und die Autobahn E22 sind es nur 33 Kilometer bis zu Stadt **Bromölla**, die in der Nähe der Grenze zur Nachbarprovinz **Blekinge** liegt. Zehn Kilometer von Bromölla befindet sich an der Straße bei **Bäckaskog** ein riesiger Felsblock direkt neben einem Haus. In Bromölla bietet der schöne Campingplatz »Strandängens Camping« eine Unterkunft und die vielen Sehenswürdigkeiten laden zu einem mehrtägigen Aufenthalt ein.

Die Stadt **Bromölla** wirkt sehr modern und liegt am schönen See **Ivösjön**. Durch dieses Gewässer mit den Inseln und Buchten gewinnt man schnell den Eindruck man wäre weit im Inland, obwohl die Küste nur wenige Kilometer entfernt ist. Bromölla ist eine gepflegte Industriestadt, in deren Ifö-Werken hochwertige Badezimmerkeramik hergestellt wird. So ist es nicht verwunderlich, dass auf dem Marktplatz der interessante Brunnen »**Scanisaurus**« von 1971 steht. Er wurde aus 3.000 Keramikteilen geschaffen. In dem Brunnen stehen die einst in der Region lebenden Scanisaurier und darüber hinaus ist er ausgestattet mit weiteren Fliesen mit Dinosauriern aus der Zeit der Scanisaurier. Nicht ganz so alt, aber immerhin bis ins 13. Jahrhundert lässt sich die Geschichte des schönen **Schlosses Bäckaskog** (großer Parkplatz) zurückverfolgen. Das Schloss mit seinem herrlichen Park und dem Rosen- und Kräutergarten hat eine reizvolle Lage zwischen den Seen **Ivösjön** und **Oppmannasjön**. Zwischen 1818 und 1900 diente es auch als königliches Sommerschloss. Nur wenige Kilometer ist der Berg Kjugekull entfernt. Ein kleiner Spaziergang führt zu einer naturkundlichen Ausstellung und weiter geht es hinauf auf die Spitze des kleinen Berges, von dem man aus einer Höhe von 66 Metern einen herrlichen Ausblick auf den Ivösjön und die umgebende Landschaft hat. Rund um Bromölla ist man prima mit dem Fahrrad unterwegs und so lohnt sich ein Ausflug zur Ostsee, zur ruhigen Badebucht in **Edenryd**.

Schwedenrot oder Faluner Rot – mit dieser Farbe sind viele Holzhäuser gestrichen.

Nachfolgende Seite: Abendstimmung am Ostseeufer nahe Bromölla.

Skåne – Die südschwedische Küste

» ADRESSEN

Touristeninformationen
Malmö Turism, Centralstationen, 21120 Malmö, Tel. 040/34 12 00, Fax 040-341209, www.malmo.se/turist

Lunds Tyristbyrå, Kyrkogatan 11, Tel. 046/35 50 40, 22222 Lund, www.lund.se

Ystads Turistbyrå, S:t Knuts Torg, 27142 Ystad, Tel. 0411/57 76 81, www.ystad.se

Åhus Turistbyrå, Järnvägsgatan 7, 29631 Åhus, Tel. 044/13 47 77, www.kristianstad.se

Karten/Atlas
Kümmerly + Frey Karte 1 »Süd-Schweden (Süd)« (Malmö-Växjö-Kalmar; ISBN 3-259-01261-3) im Maßstab 1 : 250000 oder die entsprechenden Atlaskarten (Maßstab 1 : 300000) im Autoatlas »Norden«, der an Statoil- oder Shell-Tankstellen in Schweden zu kaufen ist.

Campingplätze und Stellplätze
Malmö (Malmö Camping & Feriesenter)
Der große Campingplatz mit rund 800 Stellplätzen ist sehr gut ausgestattet und verfügt über ebene Stellplätze. Mit dem Fahrrad oder dem Bus sind es rund acht Kilometer zur Altstadt. Der Campingplatz befindet sich an der Küste und bietet einen herrlichen Blick auf die Öresundbrücke. Über die innere oder äußere Ringstraße fährt man Richtung Limhamn und folgt dann der Campingplatzbeschilderung: Tel. 040/15 51 65, www.malmocamping.se

Halbinsel Falsterbo (Ljungens Camping)
Von der E6, Abfahrt 8 über die Reichsstraße 100 fährt man in Richtung Skanör-Falsterbo und folgt dann der Ausschilderung. Der komfortable Campingplatz ist rund 300 Meter vom weißen feinen Sandstrand entfernt, Tel. 040/47 11 32, www.mamut.net/ljungenscamping.

Halbinsel Falsterbo (Stellplatz am Hafen in Skanör)
An dem Sportboothafen von Skanör kann man auf dem Parkplatz gegen Gebühr übernachten und sich an dem Blick auf die Öresund-Brücke erfreuen. Neben dem Hafen locken herrliche Sandstrände und am Hafen ein Fischgeschäft.

Smygehamn (Stellplatz Smygehuk)
Der kleine Küstenort Smygehamn verfügt über einen großen kostenpflichtigen Stellplatz für Wohnmobile an dem südlichsten Punkt Schwedens, dem Smygehuk. Hier steht man auf einer ebenen Wiese und erfreut sich an dem Blick auf die Ostsee: Tel. 410/2 40 53

Ystad (Stellplatz am Hafen)
An dem Wassersporthafen kann man auf dem Parkplatz (manchmal neben abgestellten Booten) parken und übernachten. Man zahlt beim Hafenmeister und kann die Sanitäranlagen nutzen. Nur wenige Meter sind es vom Wohnmobil bis zum Strand und nur wenige Minuten bis zur Innenstadt.

Ystad (Camping Sandskogen)
Dieser Campingplatz lässt keine Wünsche offen. Er ist gut ausgestattet und verfügt u.a. über einen Supermarkt. Zum Strand sind es (über die Straße) nur 200 Meter und zum Stadtzentrum 3 Kilometer. Er ist einfach über die Straße 9, rund drei Kilometer östlich von Ystad, zu erreichen: Tel. 0411/1 92 70, www.sandskogenscamping.se

Kivik (Kiviks Familjecamping)
Der Platz befindet sich rund 500 nordwestlich von Kivik. Mit der Nähe zum Meer hat der Drei-Sterne-Campingplatz eine gute Lage und empfiehlt sich für Badefreunde.
Tel. 0414/7 09 30, www.kivikscamping.se

Yngsjö bei Åhus (Helge Å Camping)
Der deutschsprechende Ingenieur mit dem schönen Namen Max Krömmelbein betreibt den familiären Campingplatz. Er liegt unterhalb der Provinzstraße 118, wenige Kilometer südlich von Åhus an dem Fluss Helge Å. Man sollte sich hier ein Kanu, Ruderboot oder Motorboot mieten und den Fluss stromabwärts zur Küste fahren. Dann erhält man einen unvergessenen Blick auf die langen Sandstrände an der Hanöbucht. Tel. 044/23 19 40, www.helgea.se

Åhus (Stellplatz am Hafen)
Am lebendigen Hafen, nur zehn Meter vom Kai entfernt, nahe des Eis-Bootes darf man auf dem ebenen Parkplatz auch gegen Gebühr übernachten.

Åhus (Regenbogen Camp Åhus)
Der Vier-Sterne-Campingplatz lässt keine Wünsche offen. Er ist rund 300 Meter vom Meer entfernt und von der Straße 118 ausgeschildert. Tel. 044/24 95 30
www.regenbogen-camp.se

Bromölla (Strandängens Camping)
An dem großen See Ivösjön liegt der gepflegte Campingplatz. Er ist ganzjährig geöffnet, gut ausgestattet und bietet auch einen Bootsverleih sowie eine Sauna.
Tel. 0456/2 55 93, www.strandangens.se

Der Ostseestrand lockt

2 VON KARLSKRONA NACH STOCKHOLM
Die Highlights Öland, Småland und Stockholm entdecken

Start- und Endpunkt: Karlskrona und Stockholm **Strecken:** E22, 137, E22, RV33, E22, E4
beste Jahreszeit: Mai bis September **Fahrzeit:** 14 – 21 Tage **Streckenlänge:** 800 km

Die Tour führt an der Ostsee entlang und ermöglicht Stadterkundungen in reizvollen Städten wie Karlskrona, Västervik, Söderköping, Nyköping und in der geschichtsträchtigen Stadt Kalmar. Mit der schwedischen Hauptstadt Stockholm hat man sowohl das Ziel der Tour als auch eine der schönsten Städte Skandinaviens erreicht. Abseits der Städte stößt man in Småland auf das typische Schweden, so wie es schon von Astrid Lindgren beschrieben wurde. Hier laden klare Seen zum Schwimmen und große Wälder zum Wandern ein. Sonnengarantie und Badestrände bietet die langgezogene Insel Öland.

Von Karlskrona nach Stockholm

Die Route beginnt in **Karlskrona**. Man parkt auf dem großen Parkplatz am Hafen (Östra Hamngatan) und beginnt den lohnenswerten Stadtrundgang. Da die Stadt einiges zu bieten hat, kann man sich auch auf dem rund drei Kilometer entfernten Campingplatz »Dragsö Bad & Camping« niederlassen und sich Zeit für die Stadt nehmen.

Karlskrona

Die interessante Hafenstadt (61.000 Einw.) liegt an der Schärenküste der Provinz **Blekinge**. In den 1980er-Jahren wurde die Provinzhauptstadt über die Landesgrenzen hinaus bekannt, als ein sowjetisches U-Boot vor den Toren der Stadt strandete. Einer der vielen Höhepunkte der ereignisreichen Geschichte der Stadt. Als Mitte des 17. Jahrhunderts die Bedeutung der Provinz aufgrund des Anschlusses an Schweden (Frieden von Roskilde 1658) allmählich nachließ, wurde 1680 die Stadt unter dem König Karl XI. gegründet und von dem Architekten Erik Dahlberg entworfen. Um der Stadt mehr Bedeutung zu verleihen, ließ er einen Hauptkriegshafen bauen und es entstand ein bedeutender Marinestützpunkt. Auch heute ist **Karlskrona** noch der wichtigste Flottenstützpunkt Schwedens, der aber nach dem Ende des »Kalten Krieges« an Bedeutung eingebüßt hat. Teilweise wurden die rund 300 Jahre alten Militärgebäude in die UNESCO-Weltkulturerbeliste aufgenommen. 1790 zerstörte ein Großfeuer die überwiegend aus Holzbauten bestehende Stadt fast vollständig, und die einst barocke Stadt wurde im klassizistischen Stil wiederaufgebaut. Im 18. Jahrhundert reifte die Stadt kurzzeitig zur zweitgrößten schwedischen Stadt heran. Heute zählen Weltfirmen wie die Firma Luma, die Beleuchtungskörper herstellt, und die Firma Ericsson, die im Telefonbau tätig ist, zu den größten Arbeitgebern der Stadt. Weitere wichtige Industriezweige sind der Schiffsbau, die Kunststoffindustrie und der Bau von Atomreaktoren. Einen hohen Stellenwert hat auch die **Fischerei** mit einem Fischereihafen, der zu den größten Hafenanlagen Schwedens gehört. Die Stadt verteilt sich auf mehrere Schäreninseln, die untereinander durch 30 Brücken verbunden sind. Das schöne Stadtzentrum befindet sich auf der Insel **Trossö**. Hier findet man auch den Stortorget (Großer Markt), der zu den

Linke Seite:
Im Zentrum von Karlskrona

größten Plätzen der nordischen Länder gehört. Hier schlägt das Herz der Stadt und Touristen glauben an heißen Sommertagen angesichts der prachtvollen Bauwerke eher sie wären auf einer italienischen Piazza, als inmitten einer schwedischen Stadt. Direkt am Stortorget stehen auch das Rathaus und die barocke **Frederikskirche** (1744). Auf dem Marktplatz befindet sich ein Monument, das den Stadtgründer zeigt. Die markante Dreifaltigkeitskirche wurde im neoklassischen Stil erbaut und ähnelt mit ihrer Kuppel dem römischen Pantheon. Dieses interessante Gotteshaus wurde von der deutschen Gemeinde gestiftet und wird daher auch oft als Tyska Kyrkan (Deutsche Kirche) bezeichnet. In der Gruft ist der Hafenerbauer Admiral Hans Wachtmeister begraben. Nur wenige hundert Meter entfernt lohnt sich der Besuch des Landesmuseums »**Blekinge Läns Museum**« mit interessanten kulturhistorischen und archäologischen Sammlungen. Vor dem Bauwerk erstreckt sich der Platz »**Fisktorget**«, von dem auch die Ausflugsschiffe zu einer Schärenrundfahrt ablegen. Anschließend findet man sicherlich einen Platz in einem der vielen Restaurants in den Straßen Rönnebygatan und Norra Kungsgatan, in denen es Spaß macht, in den Geschäften zu stöbern. Bleibt noch Zeit, so sollte man sich dem Marinemuseum widmen. Man geht über die »Kyrkogatan« hinunter und erreicht die Insel **Stumholmen**. Der moderne Bau lässt zunächst vergessen, dass das Marinemuseum bereits 1752 gegründet wurde. Zu den vielen Exponaten gehören u.a. Schiffsmodelle und Gallionsfiguren. Große Begeisterung löst der unterseeische Tunnel mit Blick auf ein Wrack aus. Abschließend sollte man sich westlich der Innenstadt auf der Insel **Björkholmen** mal umsehen. Hier fühlt man sich um Jahrhunderte zurückversetzt, denn man schlendert hier vorbei an kleinen Fischerhäusern, die teilweise aus dem 17. Jahrhundert stammen und denkmalgeschützt sind. Schließlich sollte auch trotz der Vielzahl der Attraktionen das erlebenswerte Freilichtmuseum auf der Insel Vämö nicht unerwähnt bleiben.

Voller Eindrücke an eine interessante schwedische Stadt verlässt man **Karlskrona**. Allerdings wartet mit Stockholm am Ende dieser Wohnmobilreise eine der schönsten Städte Nordeuropas auf den Reisemobilisten. Die Route führt immer weiter in Richtung Norden und in den Sommermonaten merkt man an jedem weiteren Abend, dass die Sonne später

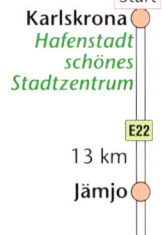

Vor der Admiralitätskirche in Karlskrona steht die bekannte Holzfigur »Gubben Rosenboom«.

Start
Karlskrona
Hafenstadt schönes Stadtzentrum

E22
13 km
Jämjo

50 km
Hagby

Rechte Seite: Die Frederikskirche von Karlskrona steht am großen Marktplatz und verblüfft durch ihr italienisches Erscheinungsbild.

» TIPP

Spende mal wieder! Wenn Sie ein paar schwedische Kronen für einen gemeinnützigen Zweck Spenden und eine Sehenswürdigkeit der besonderen Art erleben möchten, dann auf zur Admiralitätskirche. Dieses sehenswerte sakrale Bauwerk steht an der Vallgatan. Die »Admiralitetskyrkan Ulrica Pia« wurde 1685 erbaut und überlebte den verheerenden Brand von 1790. Sie ist das älteste Bauwerk der Stadt und gehört zu den größten Holzkirchen des Landes. Vor dieser Kirche steht der »Gubben Rosenboom«, ein hölzernes Standbild (Kopie) des Oberbootsmannes Gubben Rosenboom. Er ist auch bekannt aus Selma Lagerlöfs Erzählung »Die wunderbare Reise des kleinen Nils Holgersson mit den Wildgänsen«. In der Geschichte versteckt der alte Rosenboom den Winzling unter seinem Hut, und so steht heute auf der Tafel in altertümlichem Schwedisch geschrieben: »Ich bitt euch ganz demütig, kann sprechen zwar nicht gut, kommt, gebt ein Scherflein her für mich und lüftet meinen Hut«. Bei dieser Figur handelt es sich um eine Armen-Sammelbüchse, die im 17. und 18. Jahrhundert aufgestellt wurden.

Tour 2

Hagby
Hagby Kirche

5 km

Vassmolösa

E22

21 km

Kalmar
Kalmarsund
Schloss
Landesmuseum

137

6 km

Insel Öland
Windmühlen
Grabstätten
Schloss
Borgholm
Stora Alvaret

Parken am Hafen von Karlskrona.

untergeht. Über die gut ausgebaute E22 geht es durch den Ort Jämjö und nach 17 Kilometern erreicht man die Provinzgrenze der Provinz Kalmar, die ein Teil der schwedischen Landschaft Småland ist. Willkommen in Småland, einer vielseitigen und landschaftlich reizvollen Region. Zügig geht es über die E22 Richtung Norden voran. In Resby sollten Kirchenliebhaber die Autobahn für wenige Kilometer verlassen, denn in Hagby lohnt sich der Besuch der »Hagby Kirche«. Diese Wehrkirche aus dem 12. Jahrhundert ähnelt mit ihren meterdicken Mauern und Schießscharten eher einem Festungsturm als einem Gotteshaus. Zurück bzw. weiter geht es über die E22 und in Höhe der Stadt Vassmolösa kann man auf dem Rastplatz noch eine ausgiebige Pause einlegen, bevor man mit Kalmar eine weitere sehenswerte und historisch bedeutsame Stadt erkunden sollte (Karlskrona – Kalmar: 89 km).

Kalmar

Die geschichtsträchtige Stadt Kalmar ist die Hauptstadt der Provinz »Kalmar Län« und ein beliebtes Ziel vieler Urlauber. Verständlich, denn ihre Lage am Kalmarsund, die Nähe zur Ferieninsel Öland und die vielen herausragenden Attraktionen machen sie zu einem lohnenswerten Anziehungspunkt. Rund 60.000 Menschen leben in einer Stadt, deren Häuser aus Schutz vor Feuer überwiegend aus Kalkstein von der Insel Öland gebaut wurden. Der zufriedene Stadtbesucher wird zunächst die unbestrittene Hauptattraktion der Stadt ansteuern, das imposante Schloss. Es geht auf eine Festung des 12. Jahrhunderts zurück. Im Laufe der Jahrhunderte wurde es immer wieder umgebaut und erhielt im 16. Jahrhundert die Gestalt eines Renaissanceschlosses. Auf dem hohen Festungswall kann man heute, vorbei an massiven Kanonen, um das typische

» SPECIAL

Småland – südliche Wildnis

Wer sich noch nicht mit Schweden beschäftigt hat, denkt vielleicht beim Begriff »Småland« spontan an das Kinderparadies bei IKEA und weniger an eine der schönsten Landschaften des Königreiches. Ein Paradies für Kinder ist das echte Småland auf alle Fälle, denn hier verbrachte die weltberühmte Kinderbuchautorin Astrid Lindgren ihre Kindheit. Auch ihre Figuren wie Michel aus Lönneberga oder die Kinder von Bullerbü waren in Småland zuhause. Heute gehört der Freizeitpark »Astrid Lindgrens Värld« in Vimmerby zu den touristischen Highlights. Eine landschaftliche Attraktion ist der Nationalpark »Norra Kvill«, der sich mit seinem Urwald in der Nähe befindet. Generell besticht die Landschaft durch ihre schöne und vielseitige Natur. Geomorphologisch betrachtet, erstreckt sich Småland auf einem Grundgebirgsplateau, das aus harten Graniten und Gneisen besteht. In den Wäldern stößt man vereinzelt auf massive Gesteinsbrocken oder nackte Felsen. Der Boden ist oft nur mit einer dünnen Schicht aus Moosen und Rentierflechten übersät, was den Eindruck von Wildnis verstärkt. Die höchsten Erhebungen befinden sich mit rund 400 Meter Höhe im Norden, im småländischen Hochland. Dieses Hochland dacht zur Ostsee allmählich ab, und hier stößt man auf eine andere reizvolle Landschaft. Buchten und Meeresarme schlängeln sich in das Land und vorgelagert sind unzählige Inseln. Viele dieser Inseln bilden einen Schärengarten, wie das Wirrwarr vor den Toren Västerviks mit rund 5.000 Eilanden.

Rund 65 % der Fläche sind Waldgebiete, die forstwirtschaftlich genutzt werden. Dazwischen verteilen sich in dieser dünnbesiedelten Region klare Seen, zahlreiche Flüsse, grüne Weiden und flachwellige Getreidefelder. Mittendrin immer wieder kleine Orte, mit den typischen falunroten Holzhäusern wie zu Michels Zeiten. Kaum zu glauben, dass in aller Abgeschiedenheit große Persönlichkeiten in der heilen småländischen Welt geboren wurden. Neben Astrid Lindgren stammen auch Carl von Linné und Ingvar Kamprad aus Småland. 2007 wurden in Småland der 100. Todestag von Astrid Lindgren und der 300. Todestag von Carl von Linné, dem schwedischen Naturforscher, gefeiert. Er begründete die moderne biologische Systematik (Nomenklatur) und ist einer der Gründer der Schwedischen Akademie der Wissenschaften. Geboren ist er auf dem Hof Råshult bei Stenbrohult. Vom Hof Elmtaryd in Agynnaryd stammt Ingvar Kamprad. Und wer mit dieser Unternehmergröße nicht auf An-

hieb etwas verbinden kann, sollte die Anfangsbuchstaben zusammenfassen: Ingvar Kamprad aus Elmtaryd in Agynnaryd (IKEA). Nicht nur Möbel, spannende Kindergeschichten und Klassifikationen aus der Pflanzenwelt wurden zu Exportschlagern, sondern auch Erfindungen wie Streichhölzer und Wäscheklammern. Småland steht mit seinem Glasreich (südliches Småland) und den vielen Glasbläsereien auch für kunstvolle Glasprodukte (u.a. Kosta Boda, Orrefors). Die älteste Glasbläserei des Landes Kosta Glasbruk stammt aus dem Jahr 1742 und ist heute noch in Betrieb. In den vielen Betrieben kann man den Glasbläsern bei der Arbeit zusehen, im Shop direkt zuschlagen und nach Feierabend beim »Hyttsill« zünftig speisen, wie schon im 18. Jahrhundert.

Småland ist die größte Landschaft in Südschweden und umfasst drei Provinzen (Kalmar Län, Jonköpings Län und Kronobergs Län). Über Jahrhunderte befanden sich in der Region zahlreiche autonome Gebiete, was zur Namensgebung Småland (kleine Länder) führte. In der zweiten Hälfte des 19. Jahrhunderts wanderten tausende Småländer aus, um in Nordamerika wieder Fuß zu fassen. Der folgende wirtschaftliche Aufschwung ist dem Holzreichtum zu verdanken. Neben der Forst- und Landwirtschaft, der Textil- und Metallindustrie spielt auch der Fremdenverkehr eine zunehmende Rolle. Urlauber erfreuen sich hier an einer typisch schwedischen Idylle, die zu vielen Aktivitäten wie Wandern, Kanufahren, Pilze sammeln und Beeren pflücken, Rad fahren, Golf spielen und Schwimmen animiert. Darüber hinaus lohnen sich Stadtbesichtigungen in der lebendigen Küstenstadt Västervik und in der geschichtsträchtigen Stadt Kalmar.

»Astrid Lindgrens Welt« in Vimmerby ist eine Attraktion in Småland.

Tour 2

Von dem mächtigen Schloss in Kalmar blickt man auf den Kalmar Sund.

Vasaschloss laufen. Teile des Schlosses können besichtigt werden und spätestens jetzt erfährt man viel über die ruhmreiche Vergangenheit des Bauwerks, denn 1397 wurde hier zwischen den Königreichen Schweden, Norwegen und Dänemark die Kalmarer Union besiegelt. Diese historisch bedeutende Vereinigung wurde hier vollzogen und hielt immerhin bis zum Jahr 1523. Kalmar präsentiert sich im Herzen der Stadt mit einer lebendigen Altstadt auf der Insel **Kvarnholmen**, auf der man allerlei Sehenswertes entdecken kann. Der Dom, am schönen Platz »Stortorget«, wurde in der zweiten Hälfte des 17. Jahrhunderts von Nicodemus Tessin d. Ä. errichtet. Das prachtvolle Gotteshaus besticht durch eine Fassade im italienischen Barock und im Inneren durch ein sehenswertes Inventar, wie den Barockaltar. Gegenüber steht das 1671 im holländischen Renaissancestil fertiggestellte Rathaus. Sehenswert ist auch das Landesmuseum (Kalmar Läns Museum) mit den Funden aus dem 1676, zu Beginn einer Seeschlacht, gesunkenen Kriegsschiff »Kronan«. Kunstliebhaber sollten sich im Kunstmuseum umsehen. Hier hängen Bilder schwedischer Maler des 19. und 20. Jahrhunderts. Abrunden kann man den Stadtbesuch mit einem Spaziergang in dem blumenreichen Stadtpark, und wenn die Füße noch tragen, schlendert man in der Haupteinkaufsstraße Kaggensgatan an vielen einladenden Cafés, Restaurants und natürlich netten Geschäften vorbei.

Von Kalmar ist es heute nur ein »Katzensprung« zum nächsten Reiseziel. Die Brücke »**Ölandsbron**« macht seit 1972 die Fährüberfahrt überflüssig. Bei der Anfahrt zur Brücke passiert man an der rechten Seite ein großes Einkaufszentrum, in dem man sich für den Inselaufenthalt mit Lebensmitteln eindecken kann. Über die 6.060 Meter lange Brücke verlässt der Reisemobilist das schwedische Festland und sollte bei auffrischenden Winden aus nördlichen und südlichen Richtungen angemessen fahren, denn er fährt mit seinem Wohnmobil bis zu 36 Meter über dem Mee-

Von Karlskrona nach Stockholm

resspiegel. Die auf 153 Pfeilern stehende Brücke führt von **Kalmar** nach **Möllstorp**, nördlich von **Färjedalen**. Hat man die reizvolle Insel erst mal erreicht, sollte man am Gästehafen in Färjestaden parken. Direkt nebenan besteht die Möglichkeit im **Kalmarsund** zu baden. Vom Parkplatz hat man einen herrlichen Ausblick auf die Brücke und man kann sich in aller Ruhe über den nächsten Campingplatz Gedanken machen, den man dann auch frühzeitig ansteuern sollte. Die Insel Öland mit ihren Stränden und im Vergleich zum Festland beständigerem Sommer ist ein beliebtes Ziel bei Campingtouristen. Ausgebuchte Campinganlagen sind im Sommer keine Seltenheit. Frühzeitiges Anfahren bzw. ein Telefonat kann sehr hilfreich sein. Rund 30 Campingplätze empfehlen sich auf Öland.

Bei der Beschreibung der sonnenverwöhnten Ostseeinsel kribbelt es sicher dem einen oder anderen passionierten Radfahrer schon in den Füßen. Die flache Insel bietet sich in idealer Weise für ausgiebige Radtouren an. In den letzten Jahren sind landschaftlich reizvolle Radwege angelegt worden. Eine Pause legt man am besten an einem der vielen Badeplätze ein. Kein Fahrrad? Einige gut ausgestattete Campingplätze bieten auch Mietfahrräder an. Wer weder mit dem Rad noch mit dem Wohnmobil erholsame Ausflüge unternehmen möchte, sollte sich in die Linienbusse der »Kalmar Läns Trafik AB« (KLT) setzen: www.klt.se.

Gut erholt und vielleicht sogar braun gebrannt verlässt man Öland und wird nur wenige Kilometer westlich durch dichte Kiefern- und Fichtenwälder in nördliche Richtung fahren. Die Provinzstraße 137 bringt den Wohnmobilreisenden auf die Europastraße 22, auf der man zunächst auf zwei Spuren zugig unterwegs ist. Nach einer Autostunde (70 km) erreicht man **Oskarshamn**. Hier verlassen die Fähren die kleine Hafenstadt und legen erst wieder in **Visby** auf der großen Insel **Gotland** an. Im Land ist die Stadt nicht nur wegen ihrer Fährverbindung, sondern auch wegen des Kernkraftwerkes bekannt. Zu den Sehenswürdigkeiten gehört in erster Linie ein informatives **Seefahrtsmuseum**. Zehn Kilometer nördlich kann man im Freilichtmuseum **Stensjö By** miterleben, wie alte landwirtschaftliche und kulturelle Traditionen gepflegt werden.

Über die vertraute E22 geht es immer weiter in nördliche Richtung. Die Schnellstraße führt jetzt weiter von der Ostseeküste entfernt durch das Inland. Dichte Wälder, klare Seen, sanft geschwungene Getreidefelder, wenige kleine Orte prägen die 72 Kilometer lange Etappe bis **Västervik**. Entspannt fährt man hier mit dem Wohnmobil und nur gelegentlich fordern Elchwarnschilder zur gesteigerten Achtsamkeit auf. Bei dem gemütlichen Fahren genießt man die Ausblicke auf die schöne Landschaft und hofft einen Elch im lichten Wald oder auf dem Feld zu erspähen. In Västervik stößt man wieder auf die Ostsee und auf eine lebendige Stadt, die mit dem Campingplatz »Lysingsbadet« über eine erstklassige Unterkunftsmöglichkeit verfügt. Wer der Stadt nur einen kurzen Besuch abstatten möchte, sollte am Hafen (Skeppsbron) parken.

Västervik

Die reizvolle Stadt **Västervik** mit ihren rund 40.000 Einwohnern hat eine schöne Lage an der »Blauen Küste«. Das Stadtzentrum hat eine geschützte Lage, westlich des Schärengar-

Insel Öland
Windmühlen
Grabstätten
Schloss
Borgholm
Stora Älvaret

137

Kalmar

E22

70 km
Oskarshamn
Seefahrts-
museum

E22

72 km
Västervik
Fischerei-
und Industrie-
stadt

Inseln im klaren
Wasser – ein
Traumblick

» SPECIAL

Insel Öland

Die Eckdaten verraten, dass es sich bei dieser Ostseeinsel um ein besonderes Eiland handeln muss:
Länge 140 Kilometer, max. Breite 16 Kilometer, höchster Punkt bei 57 Metern und der Jahresniederschlag beträgt 400 mm (Durchschnitt in Deutschland 760 mm). Rund 24.000 Menschen wohnen auf der Insel und viele von Ihnen haben ihren Arbeitsplatz im Fremdenverkehrsgewerbe gefunden. So stößt der sonnenverwöhnte Urlauber auf eine Vielzahl von Unterkünften und der Reisemobilist muss sich zwischen rund 30 Campingplätzen entscheiden. Auch die schwedische Königsfamilie zieht es im Sommer auf die Insel, dann residiert sie im Sommersitz Solliden, nahe Borgholm.

Das Landschaftsbild Ölands wird durch den Untergrund geprägt. Die kahle und flache Insel besteht aus einem Kalkplateau. So trifft man im Süden der Insel auf eine unerwartete Landschaft, die Steppe Stora Alvaret, die immerhin rund ein Drittel der Fläche in Anspruch nimmt und von der UNESCO in die Weltkulturerbeliste aufgenommen wurde. Hier treten die nackten Kalkfelsen zutage oder sind nur von einer hauchdünnen Erdschicht bedeckt. Der Boden, die Weidetiere und die Trockenheit schufen hier eine eigenwillige Vegetation und so stößt nicht nur der Botaniker auf Pflanzen, die man an keiner anderen Stelle in Skandinavien antrifft (u. a. Hahnenfuß, Öland-Sonnenröschen, Öland-Beifuß und Fingerkraut). In den Monaten Mai und Juni pilgern Pflanzenfreunde auf die Insel und erfreuen sich an der farbenfrohen Blütenpracht. Diese baumlose Kalksteinsteppe erstreckt sich im Süden über eine Fläche von 40 Kilometern Länge und rund zehn Kilometern Breite. Generell ist landwirtschaftliche Nutzung kaum möglich – eine Ausnahme stellt ein schmaler Streifen an der Westküste dar. Von dem Getreideanbau zeugen gegenwärtig noch die zahlreichen kleinen Windmühlen, von denen sich von den einstigen 2.000 Mühlen heute rund 400 Stück über das Eiland verteilen. Das schönste Mühlenmotiv fängt die Kamera bei Björnhovda, südlich von Färjestaden, bei Lerkaka (nahe Himmelsberga) und bei Störlinge ein. Hier reihen sich mehrere Mühlen aneinander. Diese kleinen Windmühlen stellten im 19. Jahrhundert ein Statussymbol der Landwirte dar.

Neben den Windmühlen sind die alten Grabstätten und die unzähligen Runensteine weitere Sehenswürdigkeiten Ölands. Südlich von Färjedalen steht der alte Runenstein »Karlevisten« aus der Wikingerzeit. Er wurde um 900 aufgestellt und weist auf den benachbarten Grabhügel hin. Historische Grabstätten verteilen sich über die ganze Insel und so stößt man bei Mysinge auf ein riesiges Grabfeld (Mysinge hög) mit rund 90 Hügelgräbern und Steinsetzungen sowie einem Kammergrab aus der jüngeren Steinzeit. Das größte Grabfeld befindet sich in der Nähe von Gettlinge. Es umfasst auch eine Schiffsetzung. Die vielen historischen Zeugnisse zeigen, dass sich auf Öland schon sehr früh die Menschen niedergelassen haben. Historiker gehen davon aus, dass die Insel seit rund 5.000 Jahren besiedelt ist. Nicht verpassen sollte man die Besichtigung der Fliehburg Eketorp (zehn Kilometer nördlich der Südspitze Ölands), die um das Jahr 300 als Fluchtburg angelegt wurde. In den Jahren 1964 bis 1973 legten Archäologen die Fluchtburg wieder frei. Heute stellt sie ein spannendes Freilichtmuseum dar. Inmitten von drei bis vier Meter dicken Mauern waren 53 Häuser sternförmig angeordnet und im Zentrum befand sich der Marktplatz. Im Sommer finden hier viele Veranstaltungen statt (www.eketorp.se). Eine von weither sichtbare Ruine ist das Schloss Borgholm. Die große Schlossruine mit vier eindrucksvollen Ecktürmen überragt Borgholm, die einzige Stadt auf der Insel. 1290 wurde Schloss Borgholm erbaut, um 1570 vom Baumeister Dominicus Pahr zum Renaissanceschloss umgebaut und durch die Dänen (1612) und durch einen Brand von 1806 zerstört. Wesentlich ansehnlicher ist der Herrensitz Solliden, südlich von Borgholm, der im Stil einer italienischen Villa errichtet wurde. Hier fühlt sich die Königsfamilie wohl und alljährlich wird am 14. Juli unter Beteiligung der Öffentlichkeit ausgiebig gefeiert, denn dann hat die Kronprinzessin Victoria Geburtstag. Rund 13 Kilometer südöstlich von Solliden steht eine der bestbewahrten Kirchen der Insel. Die sehenswerte Kirche von Gärdslösa stammt aus dem 12.Jahrhundert und zeigt romanische und gotische Stilelemente. Die Kirche von Resmo, wenige Kilometer östlich von Mörbylånga, wurde um das Jahr 1000 errichtet. Sie ist heute vollständig erhalten und gehört zu den ältesten Gotteshäusern des Landes. Begibt man sich Richtung Nordspitze der Insel, so durchquert man den Kronopark mit einem ausgedehnten Laubwald. Ebenfalls im Norden der Insel liegt der kleine Ort Byxelkrok mit einem kleinen Fischerei- und Jachthafen. Besonders attraktiv ist hier der schöne und bei Badegästen beliebte Sandstrand. Nördlich des Ortes trifft man im Küstenbereich auf eine ungewöhnliche Pflanzenwelt, der der Botaniker und Naturwissenschaftler Carl von Linné den Namen »Die Felder des Neptuns« gab.

Im südlichen Teil der Insel sollte man den Raum rund um Ottenby unter die Lupe nehmen. Die Landschaft wird geprägt durch Wasserflächen und Heidegebiete. Hier ist der Lebensraum unzähliger Vögel und so kann man auch einige seltene Vogelarten beobachten, zu denen u. a. die Ohrentaucher, die Trauerschwalben, die Reiherenten und die Wiesenweihen gehören. Insgesamt wurden bisher 400 Vogelarten auf Öland beobachtet. Im Herbst versammeln sich Hunderte von Kranichen auf Stora Alvaret und ziehen in den Süden. Unübersehbar ist der 41 Meter hohe Leuchtturm, der zurecht den Namen »Langer Jan« trägt und der Größte in Schweden ist. Sein Gegenstück an der Nordspitze der Insel heißt »Langer Erik«. Die gesamte Südspitze der Insel ist ein Eldorado für Natur- und Vogelliebhaber und wurde bereits 1972 unter Naturschutz gestellt. In dem ganzjährig geöffneten Informationszentrum »Naturum« in Ottenby sind Dauerausstellungen rund um das Thema Natur zu sehen und es werden auch naturkundliche Führungen angeboten.

Von Karlskrona nach Stockholm

Über die Insel Öland verteilen sich zahlreiche kleine Windmühlen. Von den einstigen 2.000 Mühlen sind allerdings nur noch 400 erhalten.

tens. Die Fischerei- und Industriestadt erlebte eine lange und teils kriegerische Geschichte. Die Anfänge der Stadt gehen bis ins 13. Jahrhundert zurück und 1430 wurde die Stadt zum derzeitigen Standort verlegt und befestigt. Schöner und zentraler Platz ist der »Fiskaretorget«. Hier setzt man sich am besten auf die Bank und schaut dem bunten Treiben zu. Junge Leute treffen sich hier am Hafen und lassen an der Kaimauer die Beine und die Seele baumeln und besprechen Alltägliches. Wer über ein Boot verfügt, nutzt die schönen Sommertage und fährt hinaus zu den Schären.

Von dem kleinen Hafen blickt man auf das alte Badehaus aus dem Jahr 1910, das nur einen Steinwurf entfernt ist und auf der Insel **Strömholmen** steht. Ein Besuch lohnt sich, denn hier ist die Touristeninformation untergebracht. Einige Meter entfernt befindet sich die Klappbrücke, die öffnet, wenn die Schiffe in den langen Meeresarm »Gamlebyviken« fahren wollen. Ein besonderes Merkmal der Stadt sind die vielen hübschen Holzhäuser insbesondere in dem Stadtteil **Gamla Norr**, die hauptsächlich aus dem 18. und 19. Jahrhundert stammen. Hier steht auch die **St. Ger-**

Tour 2

Das Herz von Västervik schlägt am Platz »Fiskaretorget«, direkt am Hafen.

Västervik
Fischerei- und Industriestadt

E22

33

57 km
Vimmerby
Astrid Lindgren Stadt
Astrid Lindgren Värld

Nationalpark
Norra Kvill   33

truds Kirche aus dem 15. Jahrhundert. Sie trotzte als einziges Bauwerk den Bränden und den dänisch-schwedischen Kriegen. Im Inneren besticht der Altar, den der schwedische Barockmeister Burchardt Precht im Jahre 1694 schuf. Die Fresken stammen noch aus den Anfangsjahren der Kirche. Zu den weiteren baulichen Sehenswürdigkeiten gehören die schönen **Bootsmannshütten**, die 1740 gebaut wurden und in der Nähe des Hafens am Båtsmansgränd stehen. Am zentralen Platz, dem Stora Torget, befindet sich das **Rathaus** aus dem Jahr 1792. Über die Klappbrücke geht es zu den großen Yachthäfen und dem Ortsteil Norrlandet. Doch vorher erreicht man die alte **Schlossruine von Stegeholm**. Sie stammt aus dem 14. Jahrhundert und ist im Sommer der Schauplatz eines beliebten Musikfestivals. Geht man weiter, so stößt man nach 400 Metern auf das »**Västervik Museum**«. Historische und handwerkliche Sammlungen gibt es ebenso zu bestaunen wie eine Seefahrtsabteilung mit alten Schiffsmodellen. Und wer beim Betrachten den Wunsch verspürt, eine Schiffsfahrt zu machen, kann mit dem Ausflugsschiff (Anleger Skeppsbron) in den grandiosen Schärengarten eintauchen. 5.000 Inseln bilden hierbei ein landschaftlich reizvolles Labyrinth.

Von **Västervik** führt die weitere Route nach Westen in das småländische Hochland. Dichte Wälder, zahlreiche Seen und Flüsse be-

» SPECIAL

Astrid Lindgren

Am 14.11.2007 hätte die große Kinderbuchautorin ihren 100. Geburtstag gefeiert und sicherlich hätten Pippi Langstrumpf, Nils Holgersson, Ronja Räubertochter, Kalle Blomquist und natürlich Michel aus Lönneberga mit ihr gefeiert. Diese Figuren zogen rund um den Globus die Kinder in ihren Bann und wurden Exportschlager wie die Streichhölzer und die Wäscheklammern aus Småland. In Vimmerby ist die Autorin auf dem Hof Näs geboren und erlebte eine Kindheit, in der viel gespielt wurde und die von »Geborgenheit und Freiheit« geprägt war, so die spätere Bilanz der Autorin. Mit 18 Jahren endet ihre Jugend auf einen Schlag: Sie wird schwanger, heiratet nicht und arbeitet als Sekretärin in Stockholm. Ihr Sohn Lars wächst in einer Pflegefamilie auf. 1927 erhält sie eine Anstellung in der schwedischen Buchhandelszentrale. Ihre Aufgaben erledigte vor ihr eine junge Frau namens Zarah Leander, die spätere Schauspielerin. 1934 kommt ihre Tochter Karin zur Welt. Ihrer kranken Tochter erzählte sie 1944 erfundene Geschichten von einem Mädchen mit dem witzigen Namen Pippi Langstrumpf. Sie schreibt die Geschichte auf und ab 1945 lesen unzählige Kinder die Abenteuer der starken Pippi. Es folgt eine einzigartige Karriere als Kinderbuchautorin. Sie kannte die Welt der Kinder wie kaum eine andere und scheute sich auch mit 80 Jahren nicht, wie ein Kind auf Bäume zu klettern. Mit ihren Geschichten hatte sie unglaublichen Erfolg: 90 Titel erschienen in 145 Millionen Exemplaren und wurden in 90 Sprachen übersetzt. Allein in Deutschland wurden nahezu 30 Millionen Bücher verkauft. Unter ihren vielen Auszeichnungen ist auch der »Friedenspreis des Börsenvereins des Deutschen Buchhandels«, den sie als erste Kinderbuchautorin 1978 erhielt. Sie war eine politische Person und setzte sich für die Menschenrechte, den Tier- und den Naturschutz ein. Mit ihren Geschichten erreichte sie gleich mehrere Generationen. Wie früher sitzen auch heute noch die Kinder wie gefesselt vor den Filmen, etwa den rund 40 Jahre alten Pippi Langstrumpf-Filmen und jeder stimmt gleich ein, wenn es heißt: zwei mal drei macht vier, widdewiddewitt, und drei macht …. Gestorben ist Astrid Lindgren im hohen Alter von 94 Jahren und bestimmt werden viele Kinder ihre Geschichte an ihrem 100. Todestag (28. Januar 2102) noch nicht vergessen haben.

Von Karlskrona nach Stockholm

stimmen in dieser dünnbesiedelten Region das Landschaftsbild. Über die Reichsstraße 33 geht es nach Vimmerby (57 km). In der gemütlichen Kleinstadt steht alles im Zeichen einer großen Frau, die unvergessene Helden schuf und über Generationen die Kinder und Erwachsenen in eine unbeschwerte schwedische Kinderwelt entführte. Und wenn in einem Reiseführer immer wieder von Superlativen zu lesen ist, so trifft sicherlich die folgende Aussage ohne Zweifel zu: Die bekannteste Kinderbuchautorin ist **Astrid Lindgren**, auf deren Spuren wir uns in Vimmerby bewegen.

Vimmerby – Astrid-Lindgren-Stadt

Inmitten der småländischen Wald- und Seenlandschaft befindet sich das kleine Städtchen Vimmerby (15.000 Einwohner). Im Stadtzentrum reihen sich schöne Holzhäuser aus dem 17. und 18. Jahrhundert aneinander und das klassizistische Rathaus zieht die Blicke auf sich. In diesem Städtchen dreht sich alles um die berühmte Tochter Astrid Lindgren. Nicht nur Pippi Langstrumpf-Fans strömen in den Themenpark.

Rund 20 Kilometer südwestlich liegt das Dorf **Lönneberga**, in dem der kleine »Michel aus Lönneberga« seinen Schabernack trieb. Auch die benachbarten Orte **Mariannelund** und **Hultsfred** sind Schauplätze der spaßigen Erzählungen über den Lausbuben mit dem Holzgewehr. Die beliebten Filme wurden auf einem Hof in **Gibberyd** (30 km westlich von Vimmerby) gedreht. Er befindet sich in Privatbesitz und so können die Gebäude des Hofes »**Katthult**« nicht besichtigt werden. Erfreulicher jedoch, dass man in den Tischlerschuppen von Michel einen Blick werfen darf. Und hier stehen auch die geschnitzten Holzfiguren, die Michel nach jedem Streich anfertigte.

Für Naturliebhaber lohnt sich eine Erkundung des Nationalparks Norra Kvill. Er befindet sich rund 20 Kilometer nordwestlich von Vimmerby. Bereits 1927 wurde das mit 28 Hektar recht kleine Gebiet als Nationalpark eingerichtet. Dieser kleinste schwedische Nationalpark stellt eine Art Urwaldgebiet dar, denn er wurde seit Mitte des 19. Jahrhunderts nicht mehr forstwirtschaftlich genutzt. Mit der Einrichtung zum Nationalpark wird das Ziel verfolgt, einen Teil des südschwedischen Nadelwaldes im ursprünglichen Zustand zu erhalten. Gewaltige Exemplare von Kiefern und Fichten stehen in diesem hügeligen Hochland. Einige von ihnen sind mehr als 350 Jahre alt und haben dementsprechend auch einen Umfang von 2,5 Metern und eine Höhe von rund 35 Metern. Den Urwaldcharakter unterstreichen der stark bemooste Boden und die vielen umgestürzten, vermodernden Bäume. Über die Wanderwege erreicht man unter anderem den sagenumwobenen See Idegölen.

Von Vimmerby führt die Route wieder zurück nach Västervik. Im Stadtzentrum stehen einige schmucke Häuser.

Tour 2

ten »Blauen Band Schwedens«, liest man bei der Beschreibung der TOUR 4, die in Söderköping die TOUR 2 kreuzt. Nur 17 Kilometer ist die Industriestadt Norrköping entfernt, die man über die E22 erreicht.

Norrköping

Mit rund 125.000 Einwohnern zählt Norrköping zu den Großstädten des Landes. Das Stadtgebiet erstreckt sich zu beiden Ufern des schnell strömenden Flusses Motala Ström, der im Osten der Stadt in den Meeresarm Bråviken mündet. Diese lange Bucht trennt die nördlichen Waldgebiete (Kolmården) von den südlich der Bucht liegenden Agrargebieten. Norrköping ist eine lebendige Industriestadt

Im Freizeitpark »Astrid Lindgrens Welt« stößt der begeisterte Besucher auf nostalgische Kulissen.

Vimmerby
Astrid Lindgren Stadt
Astrid Lindgren Värld
E22
82 km
Gamleby
E22
14 km
Edsbruk
E22
26 km
Valdemars-viken
Ausflug ↔ Ostseeküste
E22
40 km
Söderköping
Göta-Kanal
E4
17 km
Norrköping

Mit dem Lied auf den Lippen »Hey, Pippi Langstrumpf, trallari, trallahey, tralla, hoppsasa« verlässt man Vimmerby über die Reichsstraße 33 in Richtung Västervik. Nach 40 Kilometern stößt man auf die E22 und fährt Richtung Norden (Stockholm). Nach 17 Kilometern passiert man Västervik und nach weiteren 25 Kilometern erreicht man den Ort Gamleby. 14 Kilometer sind es bis zum Ort Edsbruk, der über eine mittelalterliche Kirche und einen Badeplatz am See Storsjön verfügt. Erfrischt geht es weiter über die E22 durch Fichten- und Kiefernwälder. Nach wenigen Kilometern verlässt man Småland und ist von nun an in Östergötland unterwegs. Wenige Kilometer östlich der Europastraße E22 befindet sich die Stadt Valdemarsvik, an dem schmalen, langen Meeresarm Valdemarsviken. Unterkunft bietet hier der reizvoll gelegene Campingplatz »Valdemarsvik Camping & Stugor«. Von Valdemarksvik lohnt sich der kurze Ausflug an die Ostseeküste. Über die Provinzstraße 212 fährt man über die Dörfer Solberga, Gryt anch Fyrudden. Hier hat man einen schönen Blick auf die Schärenküste mit der vorgelagerten Insel Kättilö.

Zurück geht es zur E22 und nach 40 Kilometern trifft man in der schönen Stadt Söderköping ein. Die lebendige Stadt liegt am 1832 eröffneten Göta-Kanal. Mehr zu Söderköping und dem historischen Kanal, dem sogenann-

» SEHENSWERT

Astrid Lindgren Värld
In diesem erlebenswerten Freizeitpark »Astrid Lindgren Welt« (mit Campingplatz) taucht man tief in seine Kindheit ein. Bei der Einrichtung des Parks hat die Kinderbuchautorin Astrid Lindgren natürlich darauf geachtet, dass die Umsetzung in ihrem Sinne erfolgte. Hier schlendern die Besucher von einer Attraktion zur nächsten (die Kinder rennen vorweg) und nehmen an vielen Freilichttheatern auf den Holzbänken Platz und sehen zu wie Michel aus Lönneberga (in Schweden heißt er Emil) seinen Kopf in der Suppenschüssel hat, Pippi Langstrumpf die Einbrecher verjagt oder Karlsson vom Dach durch die Gegend schwebt. Mit viel Liebe wurden die Kulissen wie die Villa Kunterbunt, der Hof Katthult oder die Räuberburg geschaffen und einmalig in das Landschaftsbild eingepasst. Auch wenn man nur einen Bruchteil der schwedischen Sprache versteht, so kann man die Handlungen problemlos verfolgen. Alle Figuren von Astrid Lindgren haben in diesem Freizeitpark ihre Bühne. Zu ihrem 100. Geburtstag wurde auch das Geburts- und Elternhaus, der »Hof Näs« für das Publikum geöffnet. Im Inneren sieht man im Rahmen der Ausstellung »Näs vor hundert Jahren« im Erdgeschoss viele Erinnerungsstücke aus der Kindheit der Autorin. Der Ausstellungspavillon, der ebenfalls zum Jubiläum eingerichtet wurde, beleuchtet das Leben der Schriftstellerin und erzählt auch von ihrem sozialen Engagement in der Welt (www.alv.se).

mit einem der größten Häfen Schwedens. Obwohl die Stadt durch die rechtwinkelige Bebauung und mit breiten Straßen und moderner Architektur einen modernen Charakter hat, handelt es sich um einen alten Siedlungsraum. Bereits im Bronzezeitalter ließen sich an der Bucht Menschen nieder, was die 3.000 Jahre alten Felszeichnungen »**Hällristningar**« mit rund 1.600 Einzelbildern beweisen. 1384 wurde die Stadt gegründet und im 17. Jahrhundert gewann sie an Bedeutung. Durch die Gründung der Textilfabriken durch den holländischen Industriellen und Bankier Louis de Geer gelang der wirtschaftliche Aufschwung. Nach den Textilfabriken wurden Maschinen-, Papier- und Elektronikfabriken gebaut, deren Maschinen durch die Kraft des Motala Ströms angetrieben wurden. Der Hafen wurde zu einem großen Exporthafen ausgebaut. Über die Industrie- und Stadtgeschichte informiert das sehenswerte »**Norrköpings Stadtmuseum**«, das in ehemaligen Fabrikhallen untergebracht ist und teils originale Werkstätten zeigt. Das »**Museum der Arbeit**« (Arbetets Museum) informiert in einer alten Baumwollspinnerei. Sehenswert ist auch das »**Holmenmuseet**«, mit Ausstellungen zur Geschichte der Papiermühle »**Holmens Bruk**«. Zu den vielen weiteren Attraktionen gehört das Kunstmuseum »**Norrköping-Konstmuseum**« am Kristinaplatsen mit Werken schwedischer Künstler vom 18. Jahrhundert bis zur Gegenwart. Sehenswerte Bauwerke sind am Tyska Torget (Deutscher Markt) die 1673 erbaute und im 18. Jahrhundert umgebaute **Hedwigkirche**. Ebenfalls am Tyska Torget steht das **Rathaus** (1910), das mit einem Glockenspiel die Aufmerksamkeit auf sich zieht. Den Stadtrundgang sollte man mit einem Parkbesuch in dem **Karl-Johans-Park** abschließen. Interessant ist die dort befindliche riesige Kakteensammlung.

Die Industriestadt Norrköping verlässt man in nördliche Richtung (Stockholm) über die E4. Wer den größten Zoo Nordeuropas, den »**Kolmardens Djurpark**« besuchen möchte, fährt die Abfahrt 125 (folgende Abfahrt ist ebenfalls möglich) ab und fährt durch den Ort Krokek zum Tierpark. Hier befindet sich auch der Campingplatz »First Camp Kol-

Norrköping gehört zu den wenigen Großstädten des Landes und bietet einige interessante Sehenswürdigkeiten.

Tour 2

Norrköping
Motala Ström
Industriestadt und Hafenstadt
Museen
Kolmardens ↔ Djurpark

62 km
Nyköping
Burg Nyköpinghaus

`E4`

62 km
Södertälje
Wissenschaftszentrum

`E20`

33 km
Mariefred
Schloss Gripsholm

marden«, der Paketpreise für Zoobesucher anbietet.

Über die E4 verlässt man die Landschaft **Östergötland** und erreicht die Landschaft **Södermanland**. Gleich hinter der Provinzgrenze befindet sich ein Rastplatz. Södermanland lässt sich mit »Land der südlichen Männer« übersetzen. Södermanland ist eine kulturhistorische Region, die schon sehr früh besiedelt wurde. Registriert wurden bisher mehr als 90.000 Altertümer wie Schlösser, Burgen, Herrensitze und unzählige prähistorische Zeugnisse wie Steinsetzungen, Runensteine, Grabhügel und Fluchtburgen. Rund 400 Runensteine aus dem 11. Jahrhundert verteilen sich in Södermanland.

Die sehr gut ausgebaute und teils zweispurige E4 verläuft durch Waldgebiete und vorbei an Weiden und Ackerflächen in östliche Richtung. 62 Kilometer nach Norrköping stößt man auf **Nyköping**, eine Garnisons-, Industrie- und Hafenstadt.

Nyköping

Rund 50.000 Menschen leben in der freundlichen Stadt, die bereits im 12. Jahrhundert gegründet wurde und zu den ältesten Städten des Landes gehört. 1665 wurde der Aufschwung der Stadt abrupt durch einen verheerenden Stadtbrand gestoppt. Heute prägen die Nutzfahrzeugwerke SCANIA, Textil-, Maschinen- und Zementfabriken die Industriestadt. In der Innenstadt scharen sich sehenswerte Bauwerke um den Hauptplatz der Stadt, den Stora Torg, wie die Kirche **St. Nikolai** und das 1720 errichtete Rathaus und die Residenz des Landeshauptmannes (1803). Die Attraktion der Stadt ist jedoch die Burg **Nyköpingshus**. Die heutige Burg steht auf einer Klippe im Fluss und geht auf einen im 12. Jahrhundert errichteten Wachturm zurück. Nach und nach wurde die Burg erweitert und zu einem Renaissanceschloss ausgebaut. Aber auch das Schloss fiel dem Feuer zum Opfer und so präsentiert sich dem Besucher heute eine Schlossruine, die jedoch bei den Theateraufführungen »Gästabuds Spelen« unzählige Gäste anzieht. Dann dreht sich alles um das berüchtigte Gastmahl von 1317, bei dem die

» SEHENSWERT

Schloss Gripsholm

Das prächtige Schloss gehört zu den schönsten Vasa-Schlössern und hat eine reizvolle Lage an einer kleinen Bucht des Mälarsees. 1383 wurde das Schloss erbaut und bereits im Jahre 1434 durch ein verheerendes Feuer zerstört. 1493 kamen die Ruinen an das Kartäuserkloster Mariefred und 1525 gelangten die Schlossruinen in die Hände von König Gustaf Vasa. Er beauftragte den erfahrenen deutschen Baumeister Henrik von Cölln mit dem Neubau. 1578 wurde der imposante Neubau vollendet, was der 1560 verstorbene Gustaf Vasa nicht mehr erlebte. Immer wieder beherbergte das schmucke rote Backsteinschloss neue Könige, und mit den neuen Regenten kamen auch neue architektonische Ideen, so ließ zum Beispiel die Königin Lovisa Ulrika auf den Türmen neue Hauben setzen (1744), und Gustav III. ließ im ehemaligen Kirchenturm ein Theater einrichten. Karl XIV. Johan begann mit einer Porträtsammlung. Diese Sammlung wurde im Laufe der Zeit immer umfangreicher und stellt gegenwärtig die größte Sammlung des Landes dar. Sehenswert ist auch der herrliche Schlossgarten, von dem man einen schönen Ausblick auf die Stadt Mariefred hat. Gut speisen kann man im »Gripsholm Slottspaviljong« (www.gripsholmsslott.se).

Brüder von König Birger festgenommen und in den Hungerturm geworfen wurden. Der einzige Schlüssel zum Verließ wurde in den Fluss geworfen. Gegenüber der Burg befindet sich ein interessantes Kunstmuseum, das sich hauptsächlich mit der schwedischen Malerei vom 18. Jahrhundert bis zur Gegenwart beschäftigt. Ein reizvoller Teil der Stadt ist der Gästehafen mit einer netten Flaniermeile, die an Speicherhäusern und Hafenkontoren vorbeiführt.

Auch die weitere Route über die E4 in nordwestliche Richtung bietet ein vertrautes Bild mit Wäldern und Ackerflächen. Mittendrin sieht man große und in typischem Rot gestrichene Höfe. Bei mäßigem Verkehrsaufkommen verlässt man Södermanland und erreicht die Provinz »**Stockholms Län**«. Von Nyköping sind es 62 Kilometer bis zur Stadt Södertälje. Hier lädt das landesweit größte Wissenschaftszentrum »**Tom Tits Experiment**« mit aufregenden Stationen zum Experimentieren ein. In Södertälje befindet sich der Reisemobilist an einem Scheidepunkt, denn über die E4 erreicht man nach 35 Kilometern die schwedische Hauptstadt Stockholm und taucht in den bisher noch nicht erlebten Trubel ein, oder man fährt ebenfalls 35 Kilometer über die E20 in die westliche Richtung nach Mariefred. Lohnenswert ist zunächst ein Besuch in dem sehenswerten Ort Mariefred und anschließend der Hauptstadtbesuch.

Mariefred

Der kleine und sehr idyllische Ort Mariefred hat eine reizvolle Lage am großen Mälarsee, dem drittgrößten See Schwedens. Das **Schloss Gripsholm** ist das Aushängeschild der Stadt. Es wurde durch den deutschen Schriftsteller Kurt Tucholsky bekannt, der hier lebte und hier die berühmte Novelle Gripsholm, die auch verfilmt wurde, schrieb. Das Grab des 1935 in Hindås bei Göteborg verstorbenen Schriftstellers (Selbstmord) befindet sich auf dem Friedhof in Mariefred.

Über die E20 und E4 tritt man dann seine Fahrt nach Stockholm an. Mit Stockholm hat der Reisemobilist auch das Ziel der Route erreicht. Stockholms Stadtgebiet nimmt große Flächen ein und als nach dem Zweiten Weltkrieg die Stadt aus allen Nähten zu Platzen drohte, entstanden neue Vororte wie Skärholmen, durch den man fährt. Andere Beispiele sind Vällingby und Farsta. Auch wenn bei der Planung neben den Architekten und Stadtplanern auch Soziologen, Psychologen, Pädagogen und Ärzte zu Rate gezogen wurden, konnte eine gewisse Anonymität nicht vermieden werden. Statt klischeehafter schwedischer Holzhausidylle dominiert die Anonymität in den großen Wohnblöcken der Trabantenstädte. Allerdings wurden die Hochhausbauten relativ erfolgreich in ein grünes Umland eingebettet und verfügen in einer überwiegend gepflegten Atmosphäre über Spiel- und Sportplätze sowie Grünanlagen.

Mehrere Tage sollte man sich für die Erkundung der schwedischen Hauptstadt Zeit lassen. Es lohnt sich auch der Kauf der »**Stockholm-Karte**«, die für 24, 48 oder 72 Stunden gültig ist. Die Karte ermöglicht freien Eintritt und Rabatt zu zahlreichen Attraktionen und die kostenfreie Nutzung der öffentlichen Verkehrsmittel sowie einiger Ausflugschiffe (erhältlich bei den Touristeninformationen und Campingplätzen).

In Stockholm stehen zahlreiche Campingplätze zur Verfügung. Lohnenswert ist jedoch die Unterkunft auf dem Wohnmobil-Stellplatz auf der Insel Langholmen. Die Altstadtinsel Gamla Stan ist lediglich drei Kilometer entfernt. Mit dem Fahrrad oder zu Fuß geht es am

Ein Abstecher lohnt sich zum schönen Schloss Gripsholm, das durch Tucholskys Novelle »Gripsholm« in Deutschland bekannt wurde.

Tour 2

Blick auf Stockholm, dem Ziel der Route 2.

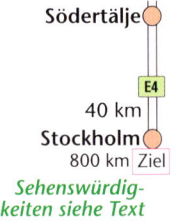
Södertälje

E4
40 km
Stockholm
800 km Ziel

Sehenswürdigkeiten siehe Text

breiten Gewässer Riddarfjärden vorbei, dann erlebt man hautnah eine der schönsten Altstädte Europas.

Stockholm

»Wir spazieren durch Stockholm. Sie haben ein schönes Rathaus und hübsche neue Häuser, eine Stadt mit Wasser ist immer schön. Auf einem Platz gurrten die Tauben. Der Hafen roch nicht genug nach Teer. Wunderschöne junge Frauen gingen durch die Straßen … von einem geradezu lockenden Blond«, so beschreibt der Autor Kurt Tucholsky in seiner Novelle »Schloss Gripsholm« seine ersten Eindrücke zu Beginn der 1930er-Jahre. Auch rund 80 Jahre später sind die Stadtbesucher bei ihrem ersten Aufenthalt ähnlich begeistert. Kenner bezeichnen sie als »Venedig des Nordens«, was nicht nur durch die Insellage begründet ist. **Stockholm** liegt in Mittelschweden und das Stadtgebiet verteilt sich auf 14 Inseln. Der Stadt vorgelagert ist ein Schärengarten mit rund 24.000 bewohnten und un-

bewohnten Inseln. Dieses Labyrinth aus Inseln und Inselchen verhindert eine zügige Durchfahrt zur Ostsee, und so müssen sich neben den zahlreichen Kreuzfahrt- und Ausflugsschiffen auch die gigantischen Fähren zurechtfinden. Für die Besucher der Metropole ist diese geographische Besonderheit eine willkommene Attraktion, und so steht auch die Fahrt hinaus in den Schärengarten entweder mit dem nostalgischen Ausflugsschiff oder mit dem hochmotorisierten Schlauchboot auf dem Programm. Langeweile kommt in Stockholm nicht auf, denn lang ist die Liste der Attraktionen. Einmalig ist die Lage zwischen dem **Mälarsee**, dem drittgrößten See Schwedens und der Ostsee. Hier gab es bereits in der Bronzezeit einige Siedlungen. Es folgte durch die Wikinger und die Vasa-Könige eine ereignisreiche Stadtgeschichte. 1634 wurde Stockholm offiziell die Hauptstadt des schwedischen Königreiches und mauserte sich zur gegenwärtig rund 750.000 Einwohner zählenden Metropole – der Großraum Stockholm beherbergt rund 1,6 Millionen Menschen und stellt neben Kopenhagen den größten »Ballungsraum« in Skandinavien dar. Heute ist Stockholm, die »Stadt auf den Inseln«, weitaus mehr als nur der Verwaltungssitz des Landes. Sie ist das kulturelle Zentrum Schwedens und die Heimatstadt des Königs Carl XVI. Gustaf. In Stockholm ist zu jeder Jahres- und Tageszeit etwas los. Kleinkünstler stehen als Denkmal verkleidet an vielen Ecken, Straßenmusikanten untermalen den Einkauf in der City und flinke Portraitzeichner versuchen die Gesichter der Touristen festzuhalten. Das kulturelle Angebot ist unerschöpflich und lädt zu einem mehrtägigen Aufenthalt ein. Wechselnde Ausstellungen in den unzähligen Museen, Konzerte, Theateraufführungen, Sportveranstaltungen und natürlich die vielen informativen Museen gehören zu dem unerschöpflichen Angebot. Zu den alljährlich ganz großen Ereignissen gehört das »Stockholm Waterfestival« mit viel Musik, Wassersport und Feuerwerk.

Das Herz der Stadt schlägt zwar an vielen Stellen – jedoch am kräftigsten auf der Altstadtinsel Gamla Stan. In den Sommermonaten lassen die hohen Temperaturen, das späte Einsetzen der Dunkelheit und das bunte Treiben in der Altstadt Gamla Stan die nördliche Lage vergessen. Darüber hinaus vermittelt das warme Klima eine mediterrane Atmosphäre. Straßentheater, Restaurants, Bistros und Kneipen haben ihre Pforten geöffnet und bis spät in die Nacht herrscht ein buntes Treiben. Unzählige Menschen schlendern durch die Stadt. Die erlebenswerte Altstadt zieht wie ein Magnet die Touristen an und zu einer Uhrzeit scheinen sich alle Stadtbesucher vor dem Schloss zu versammeln. Um 12 Uhr wird mit Pauken und Trompeten der Wachwechsel vor dem königlichen Schloss vollzogen. Junge Soldaten demonstrieren hierbei ihr respektvolles Verhältnis zum Vaterland. Im Innenhof des Schlosses vollzieht sich diese Kombination aus Tradition und Touristenspektakel. Das klotzige Königliche Schloss wurde zwischen 1690 und 1754 erbaut und gehört sicherlich nicht zu den Meisterleistungen der nordischen Architektur. Mit 608 Zimmern gehört es zu den größten Schlössern der Welt. Südlich des Schlosses schlendert man mit zahlreichen anderen Interessierten durch alte Gassen mit hohen Kaufmannshäusern und stößt auf den malerischen Platz Stortorget. Hier besucht man das Nobelpreismuseum (Nobelmuseet) oder nimmt in einem der vielen Straßencafés und Restaurants Platz. Nicht nur hier, sondern an vielen anderen Ecken kann man den Gau-

Historische Gebäude sind in Skandinavien oftmals aus Holz. Feuersbrünste zerstörten daher immer wieder ganze Städte oder Stadtteile.

In den Gassen der Altstadt »Gamla Stan« drängeln sich die Besucher.

Stockholm ist auf 14 Inseln gebaut. Überall findet man Anleger und zahlreich sind die Passagierschiffe.

men mit schmackhaften Speisen erfreuen oder man macht in einer der vielen Kneipen die Nacht wieder zum Tag. Gegenüber vom Schloss sieht man das markante Nationalmuseum. Kunstliebhaber kommen hier auf ihre Kosten. Viel Zeit sollte man für die landesweit größte Kunstsammlung einplanen. Unter anderem sind auch Werke von Rubens, Rembrandt, Renoir, Goya, Dega und Gauguin zu bewundern. Gleich nebenan am Strömkajen verlassen die Ausflugsschiffe den Anleger.

Zu einem traurigen Ereignis der schwedischen Geschichte gehört das Fährunglück der Estonia am 28.9.94. Von den nahezu 1.000 ertrunkenen Menschen waren mehr als 500 Personen Schweden. Zahlreiche Stockholmer waren unter ihnen. Das schwerste Unglück auf der Ostsee nach dem Zweiten Weltkrieg erschütterte die Metropole, in der die Fähre ihren Anlegeplatz hatte. Ein anderes gesunkenes Schiff gehört heute zu den größten Attraktionen der Stadt und ist ein Muss für den Stockholmbesucher: das **Vasamuseum**. In einem markanten Bauwerk steht das Regalschiff Vasa, der einstige Stolz der schwedischen Flotte. Das Schiff kenterte und sank kurz nach dem Stapellauf im Jahr 1628. Unglaubliche 333 Jahre blieb es auf dem Grund und wurde erst 1961 gehoben. Mittlerweile hat man die Ursache herausgefunden, es war der Ballast im Rumpf des Schiffes nicht ausreichend. Restauriert, mit feuchter Luft umgeben und schummrig angeleuchtet, begeistert das Schiff die Besucher. Auf mehreren Ebenen geht man um das Schiff herum und kann sich auch einen Film über die Bergung ansehen. Auf der Insel Djurgården locken noch weitere hochkarätige Attraktionen. Sie ist ein beliebtes Ausflugsziel für Stockholmer Bürger und Touristen gleichermaßen. 1891 wurde Skansen als erstes Freilichtmuseum der Welt eingerichtet. Rustikale Häuser, die in vielen Landesteilen demontiert worden waren, baute man in Skansen wieder auf, wo nun eine breite Palette der schwedischen Wohnkultur vermittelt wird. Es scheint, als wäre die Uhr stehen geblieben und so wird wie in alter Zeiten das Handwerk verrichtet, die Tiere versorgt, Getreide angebaut und Brot gebacken. Auf dem Gelände ist auch ein Tierpark eingerichtet und wer bisher noch keinen Elch gesehen hat, kann hier den »König der Wälder« bewundern. Alle nordischen Tiere wie Luchse, Wölfe, Otter und Braunbären sind in den Gehegen des Tierparks zu sehen. Die Insel Djurgården, auf der teilweise Fahrverbot herrscht, was den Erholungscharakter unterstreicht, bietet sich zu einem ganztägigen Aufenthalt an. Neben dem Nordischen Museum und dem **Freilichtmuseum Skansen** befindet sich der **Freizeitpark Gröna Lund** mit vielen Fahrattraktionen.

Auf der so erholsamen Insel Djurgården und der Altstadtinsel Gamla Stan befinden sich die Hauptattraktionen Stockholms. Allerdings hat die Metropole eine lange Liste weiterer Sehenswürdigkeiten zu bieten – so das Aquarium, das Architekturmuseum, das Mittelaltermuseum, die Gemäldesammlung »Mo-

Von Karlskrona nach Stockholm

derna Museet«, das Musikmuseum, das Postmuseum, das Ritterhaus (Riddarhuset), das Stockholmer Stadtmuseum, den Stockholmer Dom (Storkyrkan), das Technische Museum oder den Käknasturm, der aus 155 Meter Höhe eine grandiose Aussicht über Stockholm bietet. Zwischen dem Besuch der vielen Attraktionen sollte man noch ausreichend Zeit für die lebendigen Einkaufsstraßen einplanen. Gerade im Sommer macht das Shopping Spaß, wenn viele Produkte beim Schlussverkauf »Rea« heruntergesetzt sind. Vom Schloss führt der Weg zu den »Schnäppchen« zunächst auf die kleine Insel Helgeandsholmen mit dem prächtigen Reichstag, über die Brücke Norrbro erreicht man den schönen Platz »Gustav-Adolfstorg« mit dem Reiterstandbild des Königs und der Oper. Dahinter liegen beliebte Einkaufsstraßen, wie die Drottninggatan mit einer unglaublichen Auswahl an Geschäften. Diese Straße führt zum sehenswerten Platz »Sergelstorg«, auf dem 1980 der Ministerpräsident Olof Palme erschossen wurde.

Weit außerhalb des Stadtgebietes lohnt sich der Besuch des Schlosses Drottningholm, das man u. a. mit dem Ausflugsschiff (50 Min.) anfahren kann (Anleger Stadshusbron, Nähe Rathaus). Der Besuch krönt die

» TIPP

Bevor man sich in Stockholm in das Getümmel stürzt, sollte man sich diese schöne Stadt aus der Vogelperspektive anschauen und anhand einer Stadtkarte einen Überblick verschaffen. Hierbei ist das Rathaus »Stadshuset« mit seinem Turm die erste Adresse. Aus einer Höhe von 106 Metern kann man deutlich erkennen, dass Stockholm auf mehreren Inseln liegt und kaum zu übersehen sind die prachtvollen Bauwerke. Im Rathaus tagt das Stadtparlament und im Blauen Saal findet alljährlich die Nobelpreisverleihung statt. Vor dem Rathaus sitzt man auf Bänken oder auf Stufen direkt am Ufer und hat einen herrlichen Ausblick auf die Insel Riddarholmen mit ihren prächtigen Häusern.

Stippvisite in Stockholm. In dem 1690 fertig gestellten Schloss wohnt der König Carl XVI. Gustaf mit seiner Frau Silvia und ihren drei Kindern. Dieses wunderschöne Bauwerk ist in die Liste der Weltkulturdenkmäler aufgenommen worden und kann besichtigt werden. Unvergessen bleibt ein Spaziergang in dem herrlichen Park, von dem man das Schloss immer im Auge behält, denn man hofft hinter den Scheiben den König oder seine Frau zu entdecken.

In dem Nationalmuseum ist die größte Kunstsammlung des Landes untergebracht. Der Bau wurde 1866 fertiggestellt.

Tour 2

» ADRESSEN

Touristeninformationen

Småland Turism AB, Box 1027, 55111 Jönköping,
Tel. 036/35 12 70, www.visit-smaland.com

Karlskrona Turistbyrå, Stortorget 2, 37134 Karlskrona,
Tel. 0455/30 34 90, www.karlskrona.se

Kalmar Tyristbyrå, Ölandskajen 9, 39120 Kalmar,
Tel. 0480/41 77 00, www.kalmar.se

Ölands Turist AB, Box 74, 38621 Färjestaden,
Tel. 0485/56 06 00, www.olandsturist.se

Västervik Turistbyrå, Strömsholmen, 59330 Västervik,
Tel. 0490/8 89 00, www.vastervik.se

Vimmerby Turistbyrå AB, Rådhuset 1, 59837 Vimmerby,
Tel. 0492/3 10 10, www.turism.vimmerby.se

Norrköping Tyristbyrå, Dalsgatan 9, 60181 Norrköping,
Tel. 011/15 50 00, www.destination.norrköping.se

Stockholm Tourist Centre, Hamngatan 27,
10325 Stockholm, Tel. 08/50 82 85 08,
www.stockholmtown.com

Karten/Atlas

Kümmerly + Frey Karte 1 »Süd-Schweden (Süd)«
(Malmö-Växjö-Kalmar; ISBN 3-259-01261-3) im Maßstab
1:250000 sowie aus dem gleichen Kartenverlag die
Karte 3 »Süd-Schweden (Ost)« (ISBN 3-259-01261-3) im
Maßstab 1:250000. Preisgünstiger ist der Kauf des Autoatlas »Norden« (Maßstab 1:300000), der an Statoil- oder
Shell-Tankstellen in Schweden erhältlich ist.

Campingplätze und Stellplätze

Karlskrona (Dragsö Bad & Camping)
Rund drei Kilometer vom Stadtzentrum entfernt befindet sich der kleine Campingplatz. Hier steht man auf einer ebenen Wiese: Tel. 0455/1 53 54, www.dragso.se.

Kalmar (Stensö Camping)
Auf der Insel Stensö, rund vier Kilometer südlich der Altstadt befindet sich der Vier-Sterne-Campingplatz Stensö Camping. Erwartungsgemäß ist er gut ausgestattet und bietet ein Blick über den Kalmarsund Richtung Öland. Ein schöner Wanderweg führt an der Küste entlang zum Schloss:
Tel. 0480/8 88 03, www.stensocamping.se.

Öland/Färjestaden (KronoCamping Saxnäs)
Dieser Campingplatz lässt keine Wünsche offen und liegt am Kalmarsund, wenige Kilometer nördlich der Öland-Brücke. Ein Sandstrand lädt zum Baden ein:
Tel. 0485/3 57 00, www.kcsaxnas.se.

Oskarshamn (Gösjöbadets Camping)
Östlich von Oskarshamm, an der Küste befindet sich der Campingplatz: Tel. 0491/2 93 06, www.camping.se/h09.

Västervik (Lysingsbadet)
Mit stolzen 5 Sternen ist der Campingplatz Lysingsbadet (ganzjährig geöffnet) in Västervik dekoriert. Er befindet sich rund drei Kilometer östlich des Stadtzentrums und erstreckt sich in einer schönen Schärenlandschaft. Er bietet zahlreiche Aktivitäten wie Bootsausflüge und Kanutouren. Wer relaxen will, sonnt sich am Sandstrand oder auf dem Badefelsen: Tel. 0490/25 48 50, www.lysingsbadet.se.

Vimmerby (Astrid Lindgren Värld Stugby & Camping und Nossenbadens Camping)
Direkt am Freizeitpark Astrid Lindgrens Värld liegt der Campingplatz. Er ist jedoch nur in den Sommermonaten geöffnet: Tel 04 92-798 00, www.alv.se
Wesentlich ruhiger geht es auf dem Campingplatz »Nossenbadens Camping« zu. Er befindet sich drei Kilometer östlich von Vimmerby am Badesee: Tel. 0492/3 14 10.

Valdemarsvik (Valdemarsvik Camping & Stugor)
Von der E22, Abfahrt Kåtorp, ist der Vier-Sterne-Campingplatz bereits ausgeschildert. Er ist umfangreich ausgestattet und hat eine reizvolle Lage am Meeresarm Valdemarsviken. Über eine Promenade erreicht man nach einem Kilometer das Stadtzentrum. Tel. 0123/5 14 44, www.campa.se.

Söderköping
(Skeppsdockan Camping und Korskullen Camping)
Hier kann man direkt am Göta-Kanal stehen und den Wassersportlern zuwinken. Rund um das Dock befinden sich ebene Stellplätze. Zum Stadtzentrum des idyllischen Städtchen Söderköping sind es rund zwei Kilometer:
Tel. 0121/216 30, www.camping.se/e34. Ein weiterer Campingplatz ist »Korskullen Camping« mit einer zentralen Lage: Tel. 0121/216 21, www.camping.se/e17.

Am Hafen von Västervik

Von Karlskrona nach Stockholm

» ADRESSEN

Wachwechsel im Hof des Stockholmer Schlosses

Norrköping (Norrköping Camping)
Südwestlich der Stadt, am Fluss, in der Nähe des Naherholungsgebietes Himmelstal und der Felszeichnungen befindet sich der Campingplatz:
Tel. 011/17 11 90, www.norrköpingscamping.com

Mariefred (Mariefreds Camping)
Rund drei Kilometer ist der Campingplatz von Schloss Gripsholm und dem Ortszentrum Mariefred entfernt. Er hat eine reizvolle Lage am See und bietet vom Sandstrand einen Schlossblick. Hier kann man auch Boote mieten:
Tel. 0159/1 35 30, www.strangnas.se.

Stockholm (Stellplatz Långholmen und Bredäng Camping)
Drei Kilometer westlich der Altstadtinsel befindet sich auf der Insel Långholmen der Wohnmobilstellplatz. Die Lage unter einer Autobrücke, ebene Stellplätze auf Asphalt und Schotter sowie ein Sanitärhaus und Ver- und Entsorgung kennzeichnen den Stellplatz. Mit dem Fahrrad (oder zu Fuß) über den Radweg, der vor der Brücke vorbeiführt, ist man schnell in der Altstadt: Tel. 08/669 18 90, www.stockholm-parkering.se

Durch eine Metrostation ist der Campingplatz »Bredäng Camping Stockholm« mit dem Stadtzentrum verbunden. Den großen Campingplatz erreicht man über die E4 und fährt die Abfahrt Bredäng ab und folgt der Ausschilderung. Zu den Vorteilen gehört auch die Nähe zum See Mälaren und einer herrlichen Badestelle:
Tel. 08/97 70 71, www.bredangcamping.se

Stellplatz Långholmen in Stockholm

3 AM KATTEGAT UND SKAGERRAK ENTLANG

Herrliche Strände, lebendiges Göteborg und fantastische Schärenküste

Start- und Endpunkt: Helsingborg und Strömstad **Strecken:** E6/E20, 111, 168, E6, 160, 169, 161, 162, E6, 176 **Beste Jahreszeit:** Mai bis September **Fahrzeit:** 7 bis 14 Tage (ohne An- und Abreise) **Streckenlänge:** 500 km (ohne An- und Abreise)

In Helsingborg, einen Steinwurf von Dänemark entfernt, beginnt die Reise entlang schöner Strände und sehenswerter Städte. Halbzeit ist in Göteborg, eine der vielseitigsten Städte des Landes. Nördlich schließt sich dann die grandiose Schärenküste an. Fischerdörfer mit roten Holzhäusern auf nackten Felsen, einsame Buchten und lebendige Hafenstädte am Skagerrak prägen den nördlichen Teil der Route. Zahlreiche gute Campingplätze an der Küste runden die Reise ab.

Am Kattegat und Skagerrak entlang

Die Tour beginnt im Süden Schwedens in der Provinz Skåne, die mit ihren flachwelligen Getreidefeldern und den Dörfern mit ihren weißen Steinkirchen eher an Dänemark erinnert. Kein Wunder, denn Dänemark ist auch nur einen Steinwurf entfernt. Zwischen Helsingör auf der dänischen Insel Seeland und Helsingborg auf schwedischer Seite ist der Öresund nur 4,5 Kilometer schmal und so verkehren hier Fähren. Tatsächlich war Skåne bis zum Frieden von Roskilde im Jahre 1658 ein Teil der dänischen Krone. Mit der Fähre gelangt man bequem und komfortabel nach Skåne und kann im Fährhafen Trelleborg seine Reise beginnen. Skåne steht für ein entspanntes Urlaubsvergnügen, dafür sorgen die addierten 400 Kilometer an schönen Sandstränden. Abseits der Strände locken interessante Städte wie die vielseitige Metropole Malmö, die drittgrößte Stadt des Landes. Aber auch der lebendigen Hafenstadt Helsingborg sollte man einen Besuch abstatten. Hier beginnt die beschriebene Reise entlang des Kattegats und Skagerraks. Mehr über Skåne erfährt man auch im Rahmen der TOUR 1.

Helsingborg

Mit 122.000 Einwohnern gehört Helsingborg zu den großen Städten des Landes. Mehr als 600 Jahre war Helsingborg dänisch und ist seit 1658 schwedisch. Bei einem Stadtrundgang stößt man auf eine Vielzahl von Geschäften, denn gerne kommen die Dänen zum Shopping über den Öresund. Zahlreich sind auch die Sehenswürdigkeiten, zu denen in erster Linie der alte 35 Meter hohe Backsteinturm der Festung Kärnan gehört. Der Turm ist mehr als 600 Jahre alt und das Wahrzeichen der Stadt. Er bietet einen herrlichen Ausblick auf die Stadt, den Hafen und die gegenüberliegende dänische Insel Seeland. Im Stadtzentrum dominiert das imposante Rathaus. Es wurde 1897 erbaut und besticht durch den 70 Meter hohen Turm und die schöne Fassade mit kleinen Türmchen und einigen gotischen Fenstern. Ein schönes sakrales Bauwerk ist die Marienkirche. Diese dreischiffige Kirche (15. Jh.) verfügt über eine sehenswerte Kanzel von 1615 und einen beeindruckenden Altarschrein (1450). Das älteste Fachwerkhaus der Stadt ist das Jacob-Han-

Linke Seite: Die Schärenküste von Bohuslän gehört zu den reizvollsten Landschaften in Schweden.

» AUSFLUG

Die Halbinsel Kullen

Von Helsingborg empfiehlt sich ein Ausflug auf die nördliche Halbinsel Kullen. Hierbei fährt man über die Fernstraße mit der Nummer 111. Sie verläuft parallel zur Steilküste und führt nach rund fünf Kilometern nördlich von Helsingborg zum 1865 erbauten reizvollen Schloss Sofiero, das im niederländischen Renaissancestil erbaut wurde. Es war die Lieblingsresidenz von König Gustav VI. Adolf. In dem friedlichen Park begeistert der farbenprächtige Rhododendrongarten. Nach weiteren acht Kilometern stößt man links der Straße auf das Schloss Kulla-Gunnarstorp, das im 16.Jahrhundert erbaut wurde. Als nächsten Ort passiert man Viken, einen kleinen Badeort. Weiter geht es durch die Stadt Höganäs und später trifft man in dem idyllischen Fischerort Mölle (Campingplatz) ein. Wenige Kilometer westlich befindet sich der 70 Meter hohe Berg Kullaberg und am Fuße des Berges steht einer der lichtstärksten Leuchttürme Schwedens. Von hier hat man einen grandiosen Blick über das Kattegatt. Übrigens: der Name Kattegatt kommt aus dem Niederländischen und lässt sich mit »Katzenloch« übersetzen und stammt aus einer Zeit, in der die Seefahrer sich durch die vielen gefürchteten Untiefen manövrieren mussten.

An der Küste von Halland geht es sehr idyllisch zu.

sen-Haus aus dem Jahre 1641 und ebenfalls prachtvoll präsentiert sich das Herrenhaus **Gamlegård** aus dem 18. Jahrhundert. **Helsingborg** bietet mit dem **Öresundpark** eine schöne Parkanlage mit alter Festung und Heilquelle zum Entspannen. Ein weiterer idyllischer Park ist der **Vikingsbergsparken**, in dem sich auch das Kunstmuseum befindet. Neben diesem sehenswerten Kunstmuseum lohnt sich auch der Besuch des Stadtmuseums mit geschichtlichen und archäologischen Ausstellungen.

Die Fahrt über die Provinzstraße 112 in östliche Richtung bis zur Autobahn E6/E20 hingegen stellt den Reisemobilisten vor keine Probleme. Auf der Europastraße fährt man in nördliche Richtung und passiert die Hafenstadt Ängelholm (Campingplatz), die an der Bucht Skälderviken liegt und tatsächlich schon im 14. Jahrhundert ein wichtiger Handelsplatz war.

Über die zweispurige Autobahn E6/E20 kommt man zügig voran und verlässt im weiteren Verlauf die Provinz Skåne und ist nun in der Provinz Hallands Län unterwegs. Die kleine Provinz Halland (www.hallandturist.se) wird der Wohnmobilist sofort in sein Herz schließen, denn sie bietet sich mit ihren vielen Campingplätzen an der Küste in idealer Weise

Am Kattegat und Skagerrak entlang

zum Campingurlaub an. In der Nähe befinden sich herrliche Sandstrände, an denen man relaxen, baden, spazieren und den Sonnenuntergang genießen kann. Wer das Salzwasser weniger schätzt und Süßwasser bevorzugt, stößt in Halland auf rund 900 Seen und Flüsse. An der Küste liegen schöne Städte, die bereits Mitte des 19. Jahrhunderts beliebte Badeorte für die »feinen« Leute darstellten. Es hat sich viel getan im Laufe der Jahrhunderte und das bezieht sich nicht nur auf die Badekleidung, so kühlt man heute nicht mehr nur seine Waden im Wasser des Kattegats, sondern ist am Strand aktiv und so rauschen die Surfer und Kite-Surfer mit ihren Brettern über die Wellen in der Bucht bei Apelviken in Varberg, in Mellbystrand, in Tylösand und Skrea. Mit dem Rad ist man in Halland bestens unterwegs und von den insgesamt 120 Naturschutzgebieten bieten sich einige zu kurzen oder längeren Wanderungen an. Hierbei können viele Vögel beobachtet werden.

Mit dem Reisemobil kommt man zügig voran, denn die E6/E20 ist eine gut ausgebaute Autobahn und bietet viele Rastplätze. Leider ist es in den vergangenen Jahren auf der E6/E20 vermehrt zu nächtlichen Einbrüchen in Wohnmobilen gekommen. Auch wenn die Zahl der Einbrüche nicht dramatisch ist, so kann ein nächtlicher Überfall mitunter das Ende des Urlaubs bedeuten. Daher sollte man den Rat der Polizei (Hinweisschilder!) befolgen und einen der vielen naturnahen und schönen Campingplätze oder einen Stellplatz aufsuchen.

22 Kilometer nach Ängelholm sollte man die Abfahrt 39 nehmen und nach Båstad fahren. Er ist ein junger Touristenort und lockt mit der westlich liegenden herrlichen Gartenanlage »Norrvikens Trädgårdar«. Für Reisemobilisten bietet Båstad jedoch ein Highlight, denn nördlich des Ortes kann man am Strand von Skummeslövstrand direkt an der Küste stehen.

Weiter geht es über die Autobahn E6/E20 vorbei an Laholm und nach einigen Blicken auf das Kattegat oder besser gesagt auf die große Bucht Laholmsbukten ist man schon in Halmstad.

Halmstad

»Hier zuhause fühle ich mich wie ein anderer Mensch«, so Per Gessle, eine Hälfte des welt berühmten Duos »Roxette«. Die beiden Musiker kommen aus Halmstad und wie sie die Stadt mögen, so wird auch der Reisende auf Anhieb begeistert sein. Halmstad liegt an der Mündung des Flusses Nissan, an der großen Laholm Bucht. Die Stadt ist die Hauptstadt der Provinz Halland und mit rund 80.000 Einwohnern die größte Stadt der Provinz. Bereits 1307 erhielt sie die Stadtrechte und die günstige Lage bewirkte einen raschen Aufschwung, der durch ein Großfeuer im Jahre 1619 abrupt gestoppt wurde. Lediglich das Schloss, die Kirche und einige alte Fachwerkhäuser wurden nicht zerstört. Halmstad präsentiert sich heute als moderne und lebhafte Stadt, insbesondere wenn im Juli das **Marinefestival** stattfindet. Zu den Persönlichkeiten der Stadt gehören die Künstler Lorentzon, Jonsson, Mörmer, Thorén und die zwei Brüder Olson, die sich 1929 zur so genannten Halmstad-Künstlergruppe zusammenschlossen und natürlich ist das Gesangsduo **Roxette** ein Aushängeschild der Stadt. Per Gessle und Marie Frederiksson sind nach der legendären Gruppe **ABBA** die erfolgreichsten Musiker aus Schweden. Wer Halmstad besucht, stößt auf

Vor dem Schloss in Halmstad legen Traditionssegler an.

Tour 3

Halmstad
Schloss

Halland
Tylösand E6
E22

20 km
Falkenberg
*schönes
Stadtzentrum
Flugzeug-
museum
Badestrände*

30 km

einige lohnenswerte Attraktionen wie das **Schloss**, das heute die Residenz des Landeshauptmannes ist. Es wurde Anfang des 17. Jahrhunderts im Stil der dänischen Lustschlösser erbaut. An der Wasserseite des Schlosses liegt der Dreimaster und Segelschulschiff »**Najaden**«, der bereits 1897 vom Stapel lief. Das **Halmstad-Museum** zeigt umfangreiche kulturgeschichtliche Sammlungen. Eine Ausstellung hat sich dem Leben der Küstenfischer gewidmet und eine weitere Sammlung zeigt Wandteppiche. Ein schönes sakrales Bauwerk ist die **St.-Nicolai-Kirche**, die dem Feuer von 1619 trotzte. Mit dem Bau der Kirche wurde 1350 begonnen, und in den folgenden Jahrhunderten wurde sie einige Male umgebaut. Im Inneren beeindrucken die prächtigen Kirchenfenster. Die Kirche steht am Stora Torg, dem großen Marktplatz. Hier befindet sich auch der Brunnen »**Europa mit dem Stier**«, den der berühmte schwedische Bildhauer Carl Milles (1875 – 1955) schuf. Jeden Samstag wird es voll auf dem Stora Torg, denn dann wird der Wochenmarkt abgehalten. Am Ufer des **Nissan** stößt man auf die 1971 aufgestellte **Picasso-Statue**. Sie ist 14 Meter hoch und trägt den Namen »Frauenkopf«. Nach der Besichtigungstour sollte man über die Storgatan schlendern. Diese Fußgängerzone ist mit vielen netten Geschäften, Restaurants und Straßencafés die Pulsader der Stadt. Für Golfspieler ist Halmstad ein Mekka, denn immerhin stößt man rund um die Stadt auf zehn Golfplätze.

Über die E6/E20 geht es zügig voran in Richtung Norden und nach rund 20 Kilometern erreicht man **Falkenberg**, eine weitere große Stadt der kleinen Provinz Halland. Auf halber Strecke stößt man an der Autobahn auf einen Rastplatz. Das nette Stadtzentrum von Falkenberg, die schönen Strände und einige Campingplätze machen einen Besuch lohnenswert.

Falkenberg

Falkenberg liegt im Mündungsgebiet des lachsreichen und 250 km langen Flusses **Ätran** und wurde bereits im Mittelalter gegründet. Der Stadtname Falkenberg ist auf die Falkenzucht zurückzuführen. Wirtschaftlich spielen der Schiffsbau, das Baugewerbe und die Herstellung von Glaswolle eine wichtige Rolle. Aber auch der Fremdenverkehr hat an Bedeutung gewonnen, denn insbesondere die schönen Sandstrände ziehen die Urlauber an. Der bekannteste Strandabschnitt ist der zwei Kilometer lange **Skrea Strand** mit feinem Sandstrand und hohen Dünen. Hier liegt auch Klitterbadet, das einzige Meerwasserhallenbad des Landes. Natürlich können in dieser Region hohe Temperaturen erreicht werden und so ist ein heißer Sommerurlaub möglich. Im schönen Stadtzentrum befindet sich die im 14. Jahrhundert erbaute **St.-Laurentius-Kirche**. Um dieses sakrale Bauwerk stehen einige ansehnliche, mit Blumen geschmückte Fachwerkhäuser. In der Straße **Storgatan** reihen sich alte Holzhäuser aus dem 18. und 19. Jahrhundert aneinander. Die sehenswerte **alte Zollbrücke** ist eine Steinbrücke, die 1756 gebaut wurde und über den lachsreichen Fluss Ätran führt. Für das Passieren der Brücke musste in früherer Zeit ein Zoll bezahlt werden. Von der Brücke kann man den zahlreichen Anglern beim Angeln zusehen. Hierbei stehen sie mit ihren wasserdichten Anzügen im Fluss und werfen in der Zeit von Anfang Mai bis Ende September ihre Fliegenrute aus. Lädt der Strand an verregneten Tagen nicht zum Relaxen ein, sollte man dem Falkenberg

» BADEN

Strände von Tylösand
Außerhalb der Stadt, Richtung Tylösand, liegt das »Miniland« mit 100 bekannten Bauwerken aus Schweden im Kleinformat – für Schwedenliebhaber ein lohnenswerter Anziehungspunkt. Wer entspannen möchte, fährt weiter nach Tylösand und breitet sein Badelaken an den herrlichen Stränden aus und fängt an heißen Sommertagen mediterrane Atmosphäre ein. So voll wie am Mittelmeer wird es jedoch nicht. Hier weht die blaue Flagge, die beste Wasserqualität und hohe Sicherheit garantiert. Tylösand kann man auch zu Fuß erreichen, denn der reizvolle Wanderweg Prins Bertils Stig beginnt im Stadtzentrum und endet in Tylösand.

Die alte Zollbrücke in Falkenberg wurde bereits 1756 erbaut. Sie überspannt den lachsreichen Fluss Ätran.

Museum, das in einem alten Getreidemagazin am Hafen untergebracht ist, einen Besuch abstatten. Es informiert über die Entwicklung der Region mit interessanten Ausstellungen über das Handwerk und die Industrie. Zu den interessanten Museen gehört das **Auto- und Flugzeugmuseum** in Ugglarp, einige Kilometer südlich von Falkenberg.

Falkenberg sollte man über die kleine Küstenstraße in nordwestliche Richtung verlassen. In Olofsbo (Campingplatz) locken schöne Strände und in dem Fischerörtchen Glommen

> » **TIPP**
>
> Schnäppchenjäger aufgepasst! Von Falkenberg sind es 22 Kilometer über die Provinzstraße 154 bis zu dem Örtchen Ullared, das im Landesinneren liegt. Es gehört zu den meistbesuchten Zielen des Landes mit alljährlich rund drei Millionen Besuchern. Der Grund ist das gigantische Shoppingcenter »Ge-kås«, in dem man nahezu alles zu günstigen Preisen kaufen kann. Eine weitere Attraktion in Ullared ist das Automobilmuseum »Göran Karlssons Motormuseum«.

kann man bei »Glommens Fisk« frischen Fisch kaufen. In der Nähe des idyllischen Fischerdorfes steht ein Leuchtturm aus dem Jahr 1842. Über die Dörfer Stranninge, Lynga und Morup stößt man dann wieder auf die Autobahn E6/E20, fährt nach Norden bis zur Abfahrt 54 und dann nach Varberg. Alternativ kann man auch von Morup die Küstenstraße bis nach Varberg weiterfahren. Über diese Straße erreicht man einige Campingplätze und Strände. In Varberg sollte man sich am Hafen oder in der Nähe der Festung einen Parkplatz (Parkscheibe) suchen und dann den lohnenswerten Stadtrundgang beginnen.

Varberg

Eine Stadtbesichtigung von Varberg macht Spaß! Varberg ist ein alter Bade- und Kurort und hier legen auch Fährschiffe ab, die dann in der dänischen Stadt Grenå wieder festmachen. Varberg gehört zweifelsfrei zu den schönen Städten auf dieser Route. In dem schmucken Städtchen leben rund 55.000 Bürger, die sich sicher über die vielen nahegelegenen Bademöglichkeiten und Wassersportmöglichkeiten freuen. Dass Varberg ein historisches Pflaster ist, kann man kaum übersehen. Bereits im Mittelalter hatte der Markt von Varberg eine überregionale Bedeutung. Im Laufe der Jahrhunderte hat sich Varberg zu einer geschäftigen Industriestadt (Gipsfabrik, Fahrradwerke und Kernkraftwerk) entwickelt und blickt auf eine mehr als 200jährige Geschichte als Kurort zurück. Heute ist die Behandlung in einem erhitzten Tangbad über die Stadtgrenzen hinaus bekannt und die Kurgäste erfreuen sich im Sommer an einem Spaziergang in den Kuranlagen oder lauschen am Abend den Konzerten. Heute präsentiert sich die Stadt als lebendiger Küstenort mit einem reichhaltigen Programm. Sie ist eine fahrradfreundliche Stadt mit einem umfangreichen Wassersportangebot, das von Windsurfen bis Sportangeln reicht. In Varberg kann der Urlaub aktiv und erlebnisreich verbracht werden. Landschaftlich reizvoll ist die Küste Varbergs, die durch Klippen- und Sandstrände geprägt ist. Natürlich hat die Stadt neben den landschaftlichen Attraktionen auch noch eine nette Innenstadt zu bieten, die zum Shoppen einlädt. Rund um

Das alte Kaltbadehaus in Varberg steht auf Stelzen und lockt mit Sauna und erfrischendem Meerwasserbad.

Am Kattegat und Skagerrak entlang

den Hauptplatz, dem Stortorget, findet man die Geschäfte und jeden Mittwoch und Samstag wird auf dem Platz der Wochenmarkt abgehalten. Dann kann man u. a. Stoffe, Blumen, Obst und Gemüse sowie Haustiere kaufen. Nur wenige hundert Meter entfernt befindet sich das Shoppingcenter »Gallerian« mit 21 Läden. Hier kann man auch sonntags Nachmittag einkaufen. Danach sollte man zum **Kaltbadehaus** in der Nähe des Hafens gehen. Auf Stelzen steht dieses prächtige Badehaus schon seit Mitte des 19. Jahrhunderts und erinnert an eine Zeit, in der man sich hier in mondäner Atmosphäre entspannte. Wer nicht in das Meerwasserbad oder in die Sauna möchte, sollte in dem Café eine Pause einlegen. Vor dem historischen Badehaus beginnt die wirklich schöne Strandpromenade. Gleich nebenan am Hafen in einem alten Lagerhaus kann man den Glasbläsern über die Schulter schauen.

Nördlich des Stadtzentrums liegt die Insel Getterön mit dem Natur- und Vogelschutzgebiet. In diesem über die Landesgrenzen bekannten Gebiet haben mehr als 300 verschiedene Vogelarten in einer Landschaft von seichtem Strand und geschützten Strandwiesen ihren Lebensraum gefunden. Das **Getterön Naturzentrum** (mit Shop und Café) informiert über das Naturschutzgebiet und bietet einen hervorragenden Ausblick über das Kattegat. Im Winter zieht es auch den Steinadler und den Seeadler nach Getterön und im Sommer sieht man häufig den Austernfischer. In diesem Naturschutzgebiet werden auch Führungen angeboten (www.getteron.com). Die Insel bietet auch herrliche Strände und einen Campingplatz. Für Familien lohnt sich ein Besuch des **Freizeit- und Abenteuerparks »Fun City Varberg«**.

Zufrieden kehrt man Varberg den Rücken und macht sich mit dem Wohnmobil in nördliche Richtung auf. Mit jedem Kilometer, den man weiter nach Norden fährt, werden in den Sommermonaten die Tage länger. Die kürzeste Nacht wird man an dem nördlichsten Punkt seiner Reise – auf dieser Route in Strömstad – am 21. Juni erleben. Dies ist der Tag der Sommersonnenwende, dann wird in Schweden

» SEHENSWERT

Festung Varberg

Ein stattliches und unübersehbares Bauwerk ist die gut erhaltene Festungsanlage. Sie stammt aus dem 13. Jahrhundert und steht auf einem Felsen nur wenige Meter über dem Meer. Sie gehört zu den beliebtesten Anziehungspunkten und verzeichnet jährlich rund 100.000 Besucher. Die Festung blickt auf eine bewegte Geschichte zurück und so wurde sie in drei Bauphasen immer wieder umgebaut. Im 15. Jahrhundert ging die Burg in dänischen Besitz über und fiel 1645 endgültig in schwedische Hände. Heute beherbergt die Burg das Historische Museum. Eine Seltenheit der kulturgeschichtlichen Sammlungen ist eine gut erhaltene Moorleiche, die 1936 gefunden wurde. Die Moorleiche mit dem Namen »Der Mann von Bocksten« ist erstaunlich gut konserviert und selbst die mittelalterliche Kleidung ist gut erhalten. Fraglich ist, warum die Moorleiche von Holzpfählen durchbohrt ist. Ein weiteres schauriges Exponat ist die Kugel, die König Karl XII. getötet hat. Innerhalb der mächtigen Festungsmauern befindet sich auch eine Jugendherberge.

ausgiebig und ausgelassen Mittsommer gefeiert. Zügig geht es nun über die Europastraße E6/E20 voran und nach rund 50 Kilometern blickt man links auf den Meeresarm Kungsbackafjorden und erreicht die Stadt Kungsbacka. Sie befindet sich in der nördlichsten Ecke der Provinz und gehört zu den kleineren Städten Hallands. In Kungsbacka ist in erster Linie das **Schloss Tjolöholm** eine Attraktion. Es wurde um 1900 direkt am Meer errichtet. Erbaut wurde es im englischen Tudorstil und ist im Sommer Schauplatz vieler Konzerte. Rund um das Schloss wurden die Arbeiterwohnungen restauriert und dienen heute als Ferienwohnungen. Interessant ist auch das benachbarte **Freilichtmuseum** in Äskhult. Schließlich ist Kungsbacka noch ein weiteres Eldorado für Schnäppchenjäger, denn das Shoppingcenter »Freeport« bietet 40 Outlet-Geschäfte und unter dem Dach von »Kungsmässan« sind 80 Läden vereint. Kungsbacka ist eine boomende Stadt, denn aufgrund der geringen Entfernung zu Göteborg und der

Falkenberg
*schönes Stadtzentrum
Flugzeugmuseum
Badestrände*

30 km

Varberg
*historische Stadt
Festung Varberg
Insel Getterön
Natur- und Vogelschutzgebiet
Sandstrände*

E6
E22

45 km

Kungsbacka
Schloss Tjolöholm

E6
E22

30 km

Göteborg
Sehenswürdigkeiten siehe Text

E6

20 km

schnellen Anbindung über die Autobahn entstehen hier zahlreiche Wohnhäuser. Wie ein Angestellter, der sich zu seinem Arbeitsplatz in Göteborg (30 Kilometer) aufmacht, verlässt der Wohnmobilreisende Kungsbacka und fährt über die E6/E20 in Richtung Göteborg. Nach wenigen Kilometern erreicht er die Provinzgrenze und ist von nun ab in der Provinz »**Göteborg und Bohuslän**« unterwegs. Natürlich muss man einer der schönsten Städte des Landes einen Besuch abstatten und so geht es zur sehenswerte Metropole Göteborg. Es empfiehlt sich den Campingplatz »Lisebergsbyn Kärralund« anzusteuern, der rund drei Kilometer östlich vom Zentrum Göteborgs liegt und bereits von der Autobahn ausgeschildert ist (Schild Lisebergsbyn). Mit dem Fahrrad oder mit der Straßenbahn geht es dann in das erlebenswerte Stadtzentrum. Für den Besuch sollte man mindestens einen ganzen Tag einplanen.

Ein wichtiger Hinweis vorweg: aufgrund der Vielzahl von Sehenswürdigkeiten lohnt sich der Kauf des »**Göteborg Passes**« für ein, zwei oder drei Tage. Er bietet freien Eintritt und Rabatte für viele Attraktionen und die kostenlose Nutzung der öffentlichen Verkehrsmittel. Diese Karte ist u.a. am Campingplatz und an den Touristeninformationen erhältlich.

» SPECIAL

Göteborg

Rund 485.000 Menschen leben in der Hafenstadt Göteborg und sie müssen sich wohlfühlen, denn sie bietet ein vielseitiges Angebot und ein landschaftlich reizvolles Umland. Die zweigrößte Stadt des Landes ist das kulturelle und wirtschaftliche Zentrum in Südschweden. Göteborg ist die Provinzhauptstadt von Bohuslän, beheimatet eine Universität, eine Technische Hochschule, ist Sitz des evangelischen Bischofs und eine Messestadt. Wer sich mit der Fähre der Stadt nähert, blickt auf die riesigen Hafenanlagen, immerhin die größten in Skandinavien. Nahezu ein Drittel des schwedischen Im- und Exportes wird in diesem Hafen umgeschlagen. Der Hafen ist zugleich auch Anlegestelle von Fähren aus Deutschland, Dänemark, England und aus den Niederlanden. Wichtige Industriezweige für Göteborg sind: Schiffbau, Automobilbau (Volvo), Chemie, Textilindustrie, Papier- und Zellstoffindustrie sowie die Kugellagerherstellung. So sehen die nüchternen Merkmale Göteborgs aus. Wer Göteborg unter die Lupe nimmt, wird auf Anhieb die Stadt in sein Herz schließen.

Ein kurzer Blick auf die Geschichte: Die Stadt wurde durch König Gustav Adolf im Jahre 1619 gegründet und er baute sie zu einer bis heute unüberwindbaren Festung aus, die insbesondere als Schutz vor Dänemark dienen sollte. Beim Bau der Stadt halfen auch Holländer mit. Sie hatten ausreichend Erfahrungen mit dem Bau im Marschland und so wurden die Kanäle nach holländischem Vorbild angelegt. Im 18. Jahrhundert entstanden die ersten Fabriken und gegen Ende des 18. Jahrhunderts war der Hafen ein bedeutender Hafen für den Export von Roheisen. Im 19. Jahrhundert stieg durch den Bau des Göta- und Trollhättan-Kanals und den Eisenbahnbau die wirtschaftliche Bedeutung. Heute präsentiert sich Göteborg als geistiges und kulturelles Zentrum im Süden des Landes und besticht vorrangig durch eine lebendige Innenstadt. Aufgrund ihres regen Nachtlebens wird Göteborg auch als »Klein-London« bezeichnet und so gibt es Tag und Nacht viel zu entdecken (www.goteborg.com).

Vor der Börse, auf dem »Gustav Adolf Torg« steht das Standbild von König Gustav Adolf, dem Stadtgründer von Göteborg.

Am Kattegat und Skagerrak entlang

» TOP-TIPP

Aussicht vom Utkiken

Den Stadtrundgang sollte man am kleinen Gästehafen, neben der auffälligen Oper beginnen. Hier steht das markante rot-weiße See- und Schifffahrtsamt mit dem Namen »Utkiken«. Auf der Spitze verfügt es über eine verglaste Aussichtsplattform, von der man aus einer Höhe von 86 Metern einen unbeschreibbaren Blick über den breiten Göta-Fluss, den Hafen und das Stadtzentrum hat. Glücklicherweise ist diese Attraktion kaum bekannt und so trinkt man hier seinen Kaffee in Ruhe und genießt den grandiosen Ausblick. Man sollte hier auch die Stadtkarte studieren und überlegen, welche Sehenswürdigkeiten man ansteuert.

Zu Füßen des »Utkiken« liegt der alte Viermasterschoner »Viking«, der zu den 11 weltweit noch erhaltenen Viermastern gehört. Er ist heute ein Hotel- und Gastronomieschiff und stellt mit dem Utkiken eine fotogene Einheit mit nostalgischen und futuristischen Zügen dar. Nebenan strömen die Wassersportler in den kleinen Hafen Lilla Boomen und besuchen gerne die Gastronomie am Hafen und erfreuen sich über den Blick direkt auf das architektonische Highlight der Stadt, die Oper. Dieses moderne **Göteborger Opernhaus** wurde erst 1994 eingeweiht. Die Architektur basiert auf modernen Formen, unter denen die Sichel die bestimmende Form ist. Hier spielen u.a. die Göteborger Symphoniker, die zu den besten Orchestern der Welt zählen. Dahinter befindet sich das **Maritime Museum** Göteborgs, das größte schwimmende Museum in Schweden mit vielen historischen Schiffen, die man besichtigen kann.

Hafen Göteborg – geschäftig trug er zum Aufstieg der Stadt bei.

Der Viermaster »Viking« und das imposante Bauwerk »Utkiken« bilden einen interessanten Gegensatz von Tradition und Moderne.

Tour 3

Nur wenige hundert Meter sind es zum schönen Platz »**Gustav Adolf Torg**«, der an den Stadtgründer erinnert und so ziert natürlich auch eine Statue des Königs den Platz. Den Platz säumen einige alte und wichtige Gebäude. An der Nordseite steht das 1758 gebaute **Stadthaus** und links davon das **Wenngrensche Haus** aus dem Jahre 1759. An der rechten Seite des Stadthauses steht die ehemalige Börse, die 1844 erbaut wurde und heute die Stadtverwaltung beherbergt. Das 1672 gebaute **Rathaus** liegt an der Westseite des Platzes. Göteborg ist auch als Einkaufsmetropole ein wichtiges Ziel und zum Shopping lädt die autofreie Innenstadt mit ihren unzähligen Geschäften ein. Göteborg verfügt hierbei über das größte skandinavische Einkaufszentrum »**Nordstan**«, dessen Eingang sich gegenüber vom »Gustav Adolf Torg« befindet. Hierbei wurden ganze Straßenzüge überdacht, umgestaltet und attraktiv eingerichtet. Die »Saluhallen« ist eine alte Markthalle, in der zahlreiche Delikatessen verkauft werden. In der Fischkirche, der »**Ferskekörkan**«, am Hafenkanal findet frühmorgens die Fischauktion statt. In dem kirchenähnlichen Gebäude werden u. a. unzählige Fischarten, Muscheln und Krabben verkauft. In der **Antikhallarna**, dem größten Antik-Center Skandinaviens, bieten 30 Antiquitäten-Händler schöne Dinge aus alten Tagen an. Auf zwei Etagen kann man kleine und originelle Mitbringsel zum günstigen Preis erstehen.

Über die Straße Östra Hamngatan mit ebenfalls vielen Geschäften erreicht man die schönste Straße der Stadt, die »**Kungsportsavenyn**«. Sie ist Prachtstraße und Flaniermeile der Stadt mit vielen schönen Geschäften und einladenden Restaurants und sie führt hinauf zum Göta-Platz. Für viele ist er der feierlichste Platz der Stadt. In der Mitte steht ein von Carl Milles geschaffene Brunnen, in dessen Mitte in Übergröße der Poseidon thront. Dieser mächtige Poseidon ist mittlerweile zu einem Wahrzeichen der Hafenstadt geworden. An diesem Brunnen liegt auch die Konzerthalle und das Kunstmuseum, von dessen Terrasse sich dem Besucher ein grandioser Blick über die Stadt bietet.

Nur wenige hundert Meter entfernt ist das **Skandinavium**, eine der größten Mehrzweckhallen Skandinaviens mit 12.500 Sitzplätzen. Hier finden von Eishockeyspielen bis Operndarbietungen viele unterschiedliche Veranstaltungen statt. In der Nähe steht das neue »**Universeum**«, ein wissenschaftliches Museum zum Mitmachen für die ganze Familie.

Nun wieder zurück zu den historischen Attraktionen: das ältestes Haus der Stadt ist das **Kronhuset**, das zwischen 1643 und 1653 ge-

Die Oper gehört zu den modernen Bauwerken der Stadt. Blick vom Utkiken.

baut wurde und als Magazin, Zeughaus und als Garnisonskirche genutzt wurde. Vor dem alten Bauwerk liegt ein kleiner idyllischer Platz mit einem Café, das zum Verweilen einlädt. Zu den sehenswerten Kirchen Göteborgs gehört die Kristinenkirche (Kristine Kyrkan), die 1648 eingeweiht und nach zahlreichen Zerstörungen in der zweiten Hälfte des 18. Jahrhunderts neu erbaut wurde. Der Dom, auch Gustavsdom genannt, steht im Stadtzentrum und wurde 1827 vollendet.

Natürlich lohnt sich der Besuch einiger interessanter Museen, so bietet das **Historische Museum** sehenswerte kulturgeschichtliche und völkerkundliche Ausstellungen. Das Archäologische Museum zeigt Sammlungen mit beeindruckenden Exponaten von der Steinzeit bis zur jüngeren Eisenzeit. Das **Stadtmuseum** wurde erst 1996 eröffnet und befindet sich im Ostindischen Haus am Kanal. Hier kann man neben vielen archäologischen Fundstücken auch das einzige schwedische

An Sonn- und Feiertagen bekommt auch der Wohnmobilreisende mitten im Stadtzentrum von Göteborg einen Parkplatz.

Tour 3

Göteborg
Sehenswürdig-keiten siehe Text

E6
20 km
Kungälv
Festung

168
28 km
Marstrand
Feriengebiet

168

E6

160
40 km
Insel Tjörn
*Fischer-dörfer
Badebuchten*

E6

161
55 km
Lysekil
*Fischereihafen
Meerwasser-aquarium
Badebuchten*

162

E6
62 km
Tanumshede
*Felsritzungen
von Vitlycke*

163

Wikingerschiff sehen. Das **Kunstmuseum** ist nach dem **Stockholmer Nationalmuseum** das zweitgrößte Kunstmuseum des Landes und steht am Göta-Platz. Es wurde im neoklassizistischen Stil der frühen 1920er-Jahre gebaut und verfügt über sehenswerte Sammlungen skandinavischer Künstler. Neben den bedeutenden schwedischen Künstlern wie Klöcker, Ehrenstrahl, Kreuger, Hill, Larsson, Cederström, Josephson, Liljefors und Zorn sind auch Werke des norwegischen Impressionisten Edward Munch zu bestaunen. Aber auch auf Werke namhafter Maler wie Rembrandt, Rubens, Renoir, Sisley, Degas, Monet, Cézanne und van Gogh muss man nicht verzichten. Am Eingang des Museums stehen zwei chinesische Marmorlöwen, die aus der Ming-Dynastie stammen. Im **Seefahrtsmuseum** wird die Entwicklung der Seefahrt, des Schiffbaus und der Fischerei gezeigt. Darüber hinaus verfügt das Museum auch über ein Aquarium. In der Nähe des ansehnlichen Stadttheaters steht ein Museum der besonderen Art und so beeindruckt das **Theatergeschichtliche Museum** mit Sammlungen von Dekorationen und Plakaten internationaler Schauspieler.

Wer bei herrlichem Sommerwetter keine Lust hat, sich in Kirchen und Museen aufzuhalten, der sollte den »**Slottskog**«, den Schlosswald, südlich des Seefahrtsmuseums aufsuchen. Die größte Parkanlage der Stadt umfasst schöne Anlagen mit Eichen- und Nadelholzbestand sowie einige Teiche und Tiergehege. Eine weitere schöne Grünanlage ist der **Botanische Garten** mit dem Palmenhaus, das eine eigenwillige Architektur besitzt. Der größte Anziehungspunkt ist »**Liseberg**«, ein vielseitiger Vergnügungspark für Alt und Jung, der zudem noch der größte in Skandinavien ist. Riesenschaukeln, Achterbahn, Karussells und Wasserrutschen sorgen u.a. für die nötige Unterhaltung. Sommerliche Temperaturen laden auch zu Bootsfahrten in die fantastische Schärenwelt nördlich von Göteborg ein. Allerdings ist diese grandiose Landschaft noch ein wesentlicher Bestandteil der weiteren Route.

Mit größter Neugierde verlässt man die lebendige Metropole und steuert die land- schaftlich reizvolle Schärenküste am **Skagerrak** an. Sie gehört zweifelsfrei zu den schönsten Landstrichen des Königreiches. Man verlässt Göteborg über die vertraute Europastraße E6 und fährt zunächst bei erhöhtem Verkehrsaufkommen Richtung Norden. In **Kungälv** (20 Kilometer) sollte man Zeit für die Besichtigung der Festung einplanen. Am Fuße der Festung befindet sich ein Campingplatz und ein Wohnmobil-Stellplatz. Die gewaltige Festung »**Bohus Fästning**« ist eine gut erhaltene Ruine. Sie wurde bereits 1308 angelegt und galt lange als Grenzfestung. Im Sommer finden im Burghof attraktive Veranstaltungen statt und sie bietet dem Besucher von den Mauern einen herrlichen Ausblick. Nur unweit der Festung stößt man auf gepflegte Holzhäuser aus dem 18. und 19. Jahrhundert.

Fahrt nach Marstrand an der Schärenküste

Von **Kungälv** fährt man Richtung Autobahn zu einem großen Verkehrsknotenpunkt (E6/Abfahrt 86) und gelangt dann auf die Provinzstraße 168. Dieser Straße folgt man zunächst durch Wald- und Wiesengebiete zur Schärenküste. Dann wird es landschaftlich spannender, denn es geht über Brücken von Insel zu Insel und aus einer erhabenen Positi-

on blickt man aus dem Fahrerhaus auf eine Welt voller Inseln und Buchten. Von der Straße sieht man einige Parkplätze, die direkt am Wasser sind. Dann sollte es heißen: Motor ausmachen, Handbremse und Badehose anziehen und im klaren Wasser baden. Danach liegt man auf dem Handtuch auf dem nackten erwärmten Felsen und blickt auf ein Wirrwarr von kleinen Inseln, durch das Segelboote routiniert manövrieren. Hier erfährt man wiederholt, warum der Urlaub mit dem Reisemobil die schönste Reiseform insbesondere in Schweden sein kann: Man lässt sich nieder, wo es schön ist! Die Straße 168 endet in Marstrand, einem der schönsten Orte an der schwedischen Küste.

In Marstrand könnte man einen ganzen Sommer verbringen, jedoch bringt die weitere Route den Reisenden zu vielen weiteren reizvollen Flecken an der Schärenküste. Über die Provinzstraße 168 geht es wieder zurück und auf halber Strecke biegt man links nach Solberga ab und stößt nach Kode wieder auf die E6, auf der man dann nach Norden fährt. Wenige Kilometer vor Stenungssund fährt man auf die Provinzstraße 160 Richtung Insel Tjörn, in der Provinz Bohuslän.

Der lohnenswerte Ausflug führt auf die große Insel Tjörn, die mit ihren einmaligen Fi-

In Marstrand macht es Spaß, in den vielen kleinen Geschäften zu stöbern. Hier findet man neben nautischem Zubehör viele einfallsreiche Mitbringsel.

scherdörfern, Badebuchten und schließlich ihren Schären jeden Urlauber begeistert. Um auf die Insel zu gelangen, muss man über mehrere Brücken fahren. Die dabei zu bewältigende Strecke gehört zu den schönsten Abschnitten Schwedens. Vom Rastplatz hat man eine grandiose Sicht über den **Hakefjord** und den **Askeröfjord**. Der Reisemobilist fährt über die 1982 gebaute Brücke, die auf 105 Meter hohen Pilonen steht. Die Vorgänger-Brücke erlitt im Januar 1980 ein trauriges Schicksal, denn ein vom Kurs abgekommenes Schiff rammte nachts den Stahlrohrbogen, die Brücke brach zusammen und die wenig später ankommenden Autofahrer bemerkten bei Nebel das fehlende Brückenteil nicht und stürzten 50 Meter tief in den Askerödfjord.

Auf der Insel angekommen wird die Fahrt über die Provinzstraße 169 und folgend über eine kleinere Straße fortgesetzt, bis man den Fischerort Skärhamn erreicht, der die Herzen der Besucher höher schlagen lässt. Skärhamn liegt im Westen der großen Insel Tjörn. An der Schärenküste geben sich Fischer und Wassersportler die Hand. Eingebettet in die nackte Felsinsel sieht man rote Bootshäuser und ein malerisches Ortszentrum. Zur Attraktion ge-

Unten: Marstrand gehört zu den schönsten Orten an der Schärenküste.

Nachfolgende Doppelseite: An der Schärenküste von Bohuslän stehen kleine Fischerhäuser auf nacktem Fels. Viele winzige Inseln behindern den Blick auf den Horizont.

Tour 3

Das Fischereistädtchen Lysekil bietet schöne Sandstrände. Überall hat der Reisende kostenlosen Zugang zu den Stränden.

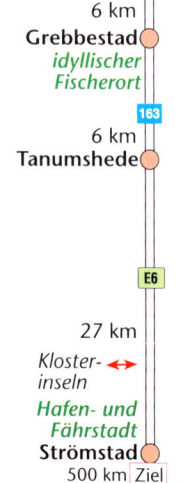

6 km
Grebbestad
idyllischer Fischerort

6 km
Tanumshede

E6

27 km
Klosterinseln

Hafen- und Fährstadt
Strömstad
500 km Ziel

hört das im Jahr 2000 eingerichtete **Nordische Aquarellmuseum**, das in einem modernen Bauwerk untergebracht ist. Dieses Museumsgebäude ähnelt einem riesigen Hausboot.

Die Insel Tjörn verlässt man wieder über die riesige Brücke und erreicht die wohl vertraute Europastraße 6. Wie gewohnt rollt das Wohnmobil in nördliche Richtung und nahe der Ortschaft **Ljungskile** (Rastplatz) blickt man nach links auf den Meeresarm **Havsten-**

fjorden und glaubt die Straße verläuft unterhalb des Meeresniveaus. Eine andere gigantische Brücke muss im weiteren Verlauf befahren werden. Diese neue Brücke überspannt den Fjord **Byfjorden** und von der Brücke sieht man rechter Hand die Stadt **Uddevalla**.

Einige Kilometer später kann man an der Abfahrt 96 die Autobahn verlassen und über die Provinzstraße 161 und mithilfe einer kleinen Fähre, die sehenswerte Stadt **Lysekil** erreichen (25 km). Sie verfügt über einen wichtigen Fischereihafen und Badehäuser; farbenfrohe Holzhäuser und reizvolle Badebuchten sorgen für entspannte Urlaubsstimmung. Eine Attraktion ist das Meerwasseraquarium: In 40 Aquarien mit insgesamt 265.000 Liter Wasser tummeln sich die Fische aus dem **Skagerrak**. Im »**Vikarvets Museum**« kann man zahlreiche Schiffsmodelle bewundern.

Von **Lysekil** geht es über die Landstraße mit der Nummer 162 in nordwestliche Richtung zur E6, dann erreicht man nach 62 Kilometern den Ort **Tanumshede**. Drei Kilometer südlich befinden sich die Felsritzungen von **Vitlycke**.

Von dem Ort Tanumshede sind es lediglich sechs Kilometer über die Straße 163 bis nach **Grebbestad** (Campingplatz), einem idyllischen Fischerort an der Küste. Ansonsten setzt der Reisemobilist seine Route wie gewohnt in nördliche Richtung fort und biegt nach **Överby** auf die Provinzstraße 176 ab und erreicht mit der Stadt **Strömstad** das Ziel der Route.

» SEHENSWERT

Marstrand
Empfehlenswerter Übernachtungsplatz ist der Parkplatz unterhalb des Betriebsgeländes der Firma Rütgerson, einem namhaften Hersteller von Bootszubehör. An einem Parkautomat löst man das Ticket für die Nacht. Nur wenige hundert Meter sind es zur kleinen Fähre, die den Schärengast dann auf die autofreie Insel Marstrandön bringt. Beim Anblick der vielen schönen Segelboote, die aus den großen Gästehäfen auslaufen, würde man gerne zur Crew gehören, damit man die tolle Schärenküste auch von der Seeseite erleben könnte. In den Jachthäfen herrscht großer Trubel und im Juli sind die Häfen aufgrund einer großen Regatta hoffnungslos überfüllt.
Aber auch für eine Landratte ist die Inselerkundung ein Abenteuer. Die schwedische Prominenz hat sich in Marstrand schon vor einem Jahrhundert die Sommerfrische um die Nase wehen lassen und die Erholungssuchenden schlenderten einst, wie heute, an prächtigen Holzhäusern vorbei und gingen zur Festung hinauf, um den Ausblick zu genießen. Die Festung »Carlstens Fästning« wurde um 1660 errichtet und auf dem Burgturm wies das Leuchtfeuer den erfolgreichen Heringsfischern den Weg. Unterhalb der Burg setzt man sich hin, lässt die Seele baumeln und den Blick über das Skagerrak und die Schäreninseln schweifen. Während der Eiszeit haben die Gletscher die kleinen Inseln abgeschliffen und eine Landschaft von unzähligen rundbuckeligen und kahlen Eilanden entstehen lassen. Im Ort lohnt sich der Blick in die kleinen Läden und Galerien und natürlich kann man auch vorzüglich speisen, denn schließlich werden die Zutaten für ein schmackhaftes Fischgericht vor den Toren Marstrands gefischt (www.marstrand.nu).

Am Kattegat und Skagerrak entlang

Strömstad

Das Herz der Hafen- und Fährstadt schlägt rund um dem Gästehafen. Die norwegischen Flaggen zeigen, aus welchen Heimathäfen die unzähligen Motor- und Segelboote kommen. Für die Norweger ist Schweden ein günstiges Reiseland und Strömstad liegt fast vor der Tür. So sind die vielen Restaurants und Kneipen am Abend gefüllt und es herrscht eine ausgelassene Urlaubsstimmung. In Strömstad gibt der Fremdenverkehr im Sommer zwar den Ton an, dennoch ist der Alltag dieser Kleinstadt an vielen Stellen offensichtlich. Bedeutender Wirtschaftszweig ist die Fischerei und zudem verlassen große Fähren (Color Line) den Hafen und laufen die norwegische Stadt **Sandefjord** an. Bis 1658 war Strömstad ebenfalls ein Teil des norwegischen Königreiches. Über

die Fischerei und die Geschichte der Stadt kann man sich in dem »Strömstadmuseum« informieren und in dem Freilichtmuseum »**Fiskatorpet**« bilden die alten Fischerhäuser aus dem 17. Jahrhundert eine malerische Kulisse. Wer das inselreiche Umland entdecken möchte, sollte mit den Ausflugsschiffen eine Fahrt z. B. zu den Kosterinseln unternehmen.

Erst Relaxen, dann Angeln!

» BUCHTIPP

Wer im Anschluss an diese Tour noch einen Abstecher nach Norwegen machen möchte, sollte den Reiseführer »Norwegen mit dem Wohnmobil« (Bruckmann Verlag, ISBN 978-3-7654-4355-7) zur Hand nehmen. Die lohnenswerte Reiseroute „Rund um den Oslofjord" beginnt in der Stadt Strömstad.

» SEHENSWERT

Felsritzungen von Tanumshede

Oft werden sie als Felszeichnungen bezeichnet, dabei wurden die Figuren und Symbole in den nackten Fels geritzt. Damit der Besucher die Darstellungen besser erkennen kann, werden diese Vertiefungen im Stein mit roter Farbe hervorgehoben. Die schönsten dieser Steinritzungen findet man in Tanumshede und so verwundert es nicht, dass diese »Hällristningar« in die Weltkulturerbeliste der UNESCO aufgenommen wurden. Vor rund 3.000 Jahren wurden hier hunderte von Schiffen, Waffen, Menschen und Tiere in den Granit geritzt. Heute informiert das moderne Vitlycke Museum über die Bronzezeit. Damit es nicht bei der Theorie bleibt, wurde ein bronzezeitliches Dorf nachgebaut. Ein Campingplatz befindet sich in der Nähe. In der Umgebung befindet sich die Felsritzungen von Aspeberget, Fossum, Litsleby und Tegneby (www.vitlyckemuseum.se).

» ADRESSEN

Touristeninformationen
Helsingborgs Turistbyrå, Rådhuset, 25189 Helsingborg, Tel. 042-10 43 50, www.helsingborg.se

Halmstad Turistbyrå, Halmstads Slott, 30102 Halmstad, Tel. 035-13 23 20, www.halmstad.se

Falkenberg Turistbyrå, Holgersgatan 11, 31134 Falkenberg, Tel. 0346-88 61 00, www.visitfalkenberg.se

Varberg Turistbyrå, Brunnparken, 43224 Varberg, Tel. 0340-8 68 00, www.marknadvarberg.se

Göteborg Turistbyrå, Kungsportsplatsen 2, 41110 Göteborg, Tel. 031-61 25 00, www.goteborg.com

Karten/Atlas
Für die Route wird die Kümmerly + Frey Karte 1 »Süd-Schweden (Süd)« (Malmö-Växjö-Kalmar; ISBN 3-259-01261-3) sowie die Karte 2 »Süd-Schweden (West)«, ISBN 3-259-01262-1; Maßstab 1:250000 benötigt oder die entsprechenden Atlaskarten (Maßstab 1:300 000) im Autoatlas »Norden«, der man an Statoil- oder Shell-Tankstellen in Schweden kaufen kann.

Campingplätze und Stellplätze
Generell gibt es zwischen Helsingborg und Strömstad eine Vielzahl von guten Campingplätzen. Die meisten liegen am Meer und verfügen über einen Badestrand. Sie sind gut ausgeschildert, umfangreich ausgestattet und bieten Ver- und Entsorgung. Stellplätze sind noch eine Seltenheit.

Helsingborg (Campingplatz Råå Vallar)
Fünf Kilometer südlich von Helsingborg an der Küste liegt der Campingplatz mit einem Sandstrand, Tel. 042-18 26 00, www.nordiccamping.se

Halmstad
(Hagöns Camping und Kronocamping Tylösand)
Rund um Halmstad findet man auf zahlreichen Campingplätzen eine passende Übernachtungsmöglichkeit. Der Campingplatz Hagöns Camping liegt am östliche Ufer rund sechs Kilometer südöstlich vom Zentrum. Er verfügt über ein Wiesengelände und einen schönen Sandstrand, von dem ein Teil FKK-Strand ist: Tel. 035-12 53 63, www.hagonscamping.se
Ein ebenfalls gut ausgestatteter Campingplatz ist Kronocamping Tylösand. Er liegt rund neun Kilometer westlich von Halmstad und ist 300 Meter vom Strand und einen Kilometer vom Badeort Tylösand entfernt: Tel. 035-3 05 10, www.kronocamping.se.

Falkenberg
(Hansagårds Camping und Skrea Familjecamping)
In ruhiger Lage, rund vier Kilometer südlich der Stadt, direkt an der Küste liegt der Campingplatz Hansagårds

Stellplatz nahe der Festung Bohus, am Gästehafen (Kungälv).

Am Kattegat und Skagerrak entlang

» ADRESSEN

Camping. Er ist gut ausgestattet und bietet u. a. eine Minigolf-Anlage und ein beheiztes Schwimmbad:
Tel. 0346-1 69 44, www.hansagard-camping.se.
Ein weiterer Platz ist der Vier-Sterne-Campingplatz »Skrea Familjecamping«, rund drei Kilometer südlich von Falkenberg: Tel. 346-1 71 07, www.skreacamping.se.
Weitere Plätze findet man an dem nördlichen Küstenabschnitt zwischen Falkenberg und Varberg.

Varberg (Getteröns Camping und Apelvikens Camping)
Nördlich von Varberg (4,5 km) liegt der Campingplatz Getteröns Camping. Er befindet sich im Südosten der Insel Getterön und ist gut ausgestattet (u. a. Sauna, Radverleih): Tel. 0340-1 68 85, www.getteronscamping.se.
Ein weiterer Campingplatz ist Apelvikens Camping (ganztägig geöffnet), an der gleichnamigen Bucht Apelviken (Strand), im Süden der Stadt. Über die Strandpromenade kann man zum Stadtzentrum spazieren (zwei km). Sollte das Meerwasser zu kalt sein, bietet sich das neue beheizte Freibad an.
Tel. 0340-64 13 00, www.apelviken.se.

Göteborg (verschiedene Campingplätze)
Vergleichsweise nah am Stadtzentrum liegt Lisebergs Camping Kärralund. Er befindet sich rund drei Kilometer östlich vom Zentrum Göteborgs und ist bestens ausgestattet sowie ganzjährig geöffnet. Er ist bereits an der Autobahn durch das Schild »Lisebergsbyn« ausgeschildert:
Tel. 031-84 02 00, www.liseberg.se.
Rund fünf Kilometer östlich von Göteborg liegt Lisebergs Camping Delsjön inmitten des »Delsjön Naturreservat«, in dem man abseits der lebendigen Metropole gute Bade- und Angelmöglichkeiten hat: Tel. 031-84 02 00, www.liseberg.se
Ein sehr empfehlenswerter Campingplatz ist Lilleby Havsbad Camping. Er liegt rund 20 Kilometer nordwestlich von Göteborg in Torslanda, in einer reizvollen Landschaft und verfügt über ein ebenes Wiesengelände und bietet in der Nähe Bademöglichkeiten an der herrlichen Schärenküste: Tel. 031-562240, www.lillebyhavsbad.se
Zwei weitere Campingplätze befinden sich südlich von Göteborg: Lisebergs Camping Askim Strand Camping liegt 15 Kilometer südlich vom Stadtzentrum: Tel. 031-84 02 00, www.liseberg.se und Kronocamping Åby befindet sich im südlichen Stadtteil Åby: Tel. 031-87 88 84, www.kronocamping.nu.

Kungälv
(Kungsälv Vandrarhem & Camping und Stellplatz)
In der Nähe der unübersehbaren Festung befindet sich der Campingplatz:
Tel. 0303-189 00, www.kungalvsvandrarhem.se
Gegenüber, am Gästehafen befindet sich der Wohnmobilstellplatz. Hier steht man auf einem ebenen Schotterboden und kann Sanitäranlagen und Ver- und Entsorgungseinrichtungen nutzen. Zum Kassieren kommt morgens der Hafenmeister.

Marstrand (Marstrands Familje Camping und Stellplatz)
Ein Vier-Sterne-Campingplatz mit Sandstrand bietet sich für mehrere Urlaubstage an: Tel. 0303-6 05 84, www.marstrandscamping.se
Ein Übernachtungsparkplatz liegt hinter dem Firmengebäude von Rütgerson, am Ortseingang. Bezahlt wird am Parkautomaten.

Lysekil (Siviks Camping)
An einer kleinen Bucht liegt der Vier-Sterne-Campingplatz und bietet für Badefreunde einen Sandstrand und Felsen:
Tel. 0523-61 15 28, www.camping.se/o54

Grebbestad (Grebbestad Camping)
Der umfangreich ausgestattete Campingplatz ist das ganze Jahr geöffnet und befindet sich in der Nähe des Stadtzentrums. Nur 150 Meter ist der Strand entfernt:
Tel. 0525-6 12 11, www.grebbestadcamping.se.

Strömstad (Strömstads Camping)
Nur einen Kilometer vom einladenden Stadtzentrum von Strömstad ist der empfehlenswerte Campingplatz entfernt. Über ein hügeliges Gelände verteilen sich die überwiegend ebenen Stellplätze: Tel. 0526-6 11 21, www.stromstadcamping.se

Der idyllische Campingplatz »Strömstad Camping«

4 GÖTA-KANAL – DAS BLAUE BAND SCHWEDENS
Abwechslungsreiche Reise vom Vänernsee zur Ostsee

Start- und Endpunkt: Sjötorp und Mem   **Strecken:** diverse
Beste Jahreszeit: Anfang Mai bis Ende September (Öffnungszeiten des Göta-Kanals)
Fahrzeit: 7 – 10 Tage   **Streckenlänge:** 350 – 400 km

Die Tour zwischen Vänernsee und Ostsee schlängelt sich am legendären Göta-Kanal entlang, der schon 1832 eröffnet wurde – eine Tour mit zahlreichen Stellplätzen.

Göta-Kanal – Das blaue Band Schwedens

Als Wohnmobilreisender folgt man gerne diesem historischen Verbindungskanal zwischen Nord- und Ostsee. Er stellt nicht nur als technisches Meisterwerk eine unvergleichliche Sehenswürdigkeit dar, sondern bietet an seinem Ufer viele Attraktionen und ein Urlaubsvergnügen der besonderen Art. Wie ein blauer Pinselstrich zieht sich der Göta-Kanal durch das Land. Gesäumt ist er von Baumreihen und dahinter liegen fruchtbare Äcker und Wälder.

Im östlichen Teil des Vänernsees, in dem gemütlichen Örtchen Sjötorp, parkt man sein Wohnmobil auf dem Stellplatz. Dieses Dörfchen sollte nach den Vorstellungen des Kanal-Erbauers Baltzar von Platen eine wichtige Stadt werden. Sie blieb jedoch ein Dorf der Kanalgesellschaft in dessen Werft mit Dock rund 500 Schiffe gebaut wurden. Einen Steinwurf entfernt befinden sich die ersten Schleusen und das Kanalmuseum, sodass man sich in aller Ruhe mit dem einzigartigen Gewässer auseinandersetzen kann. Beim Schleusenwärter kauft man die Göta-Kanal-Entdeckerkarte, eine clevere Magnetkarte, mit der man viele Vergünstigungen bei Attraktionen, Restaurants, Cafés und Geschäften bekommt. Darüber hinaus hat man freien Zugang zu den Sanitärgebäuden in den Häfen und kann auch die teils angebotenen Stellplätze nutzen. Spannend wird es in Sjötorp an den Schleusen. In der Hochsaison fahren zahlreiche Segel- und Motorboote in die historische Schleuse hinein um dann rund 2,5 Meter auf- oder abgeschleust zu werden. Große Wassermassen strömen unterhalb der Schleusentore durch und bringen so manche kleine Crew in Bedrängnis. Auch wenn man gerne mit dem Freizeitkapitän tauschen möchte, so ist man auch mit dem Wohnmobil entlang des Göta-Kanals bestens unterwegs und trifft den einen oder anderen Wassersportler an der Schleuse oder im nächsten Hafen wieder.

In Sjötorp beginnt die Wohnmobilreise entlang des Göta-Kanals. Allerdings ist es auf dieser Tour nicht möglich durchgängig parallel zum Kanal zu fahren, vielmehr stößt man an vielen Stellen mit Freude wieder auf den Kanal. Zunächst ist der Reisende in der schwedischen Landschaft »Västergötland« unterwegs. Eine kleine Straße nördlich des Kanals führt nach Lyrestad (8 km, Stellplatz). In dem beschaulichen Dorf sollte man sich in dem Speicherhaus mal umsehen, in dem ein Heimatmuseum eingerichtet wurde. So einige Exponate lagern auch in dem eigenen Keller, auf dem Dachboden oder wurden schon vergeblich über eine Internetauktion zum Kauf angeboten. Lohnenswert ist auch ein Blick in die Glashütte. Über kleinere Straßen erreicht man nach 14 Kilometern den lebendigeren Ort Töreboda. Dazwischen kann man in Hajstorp den Wassersportlern beim Schleusen zusehen. In Zentrum von Töreboda ist am Kanal an der Ostseite des Gästehafens ein neuer Pool- und Campingbereich geschaffen worden. Interessant ist in Töreboda

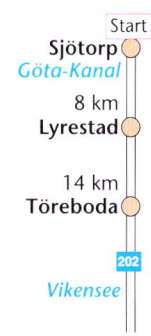

Auf dem Göta-Kanal sind einige historische Ausflugsschiffe wie die MS Diana unterwegs.

Tour 4

Stellplatz in Sjötorp

die kleine Fähre »**Lina**«, die den Fährpassagier über den Göta-Kanal befördert. Diese kuriose Attraktion ist in Europa die kleinste Fähre mit Fahrplan. Wer sich noch nicht vom Kanal trennen kann, sollte mit dem Fahrrad auf dem Radweg weiterfahren. Er führt bis **Vassbacken** direkt am Kanalufer entlang. Ansonsten verlässt man **Töreboda** über die Provinzstraße 202 und fährt nördlich am sichelförmigen See **Viken** vorbei und erreicht nach 35 Kilometern den industriegeschichtlich bedeutsamen Ort **Forsvik** (Stellplatz).

Von Forsvik sind es nur noch neun Kilometer bis zur interessanten Militärstadt **Karlsborg** am Vätternsee. Man erreicht mit Karlsborg auch den zweitgrößten See Schwedens. Frühzeitig sollte man den Campingplatz »Karlsborg Camping« ansteuern.

Karlsborg

In Karlsborg (7.000 Einwohner), am lang gezogenen **Vätternsee**, steht die gewaltige Festung, die der Stadt den Namen gab und zwischen 1820 und 1910 erbaut wurde. Sie sollte im Kriegsfall der schwedischen Königsfamilie und der schwedischen Regierung Schutz bieten, sowie die Goldreserven der Reichsbank und die Kronjuwelen unterbringen. Die Anlage gehört zu den größten Bauwerken des Landes und hier werden heute noch Soldaten ausgebildet. Zu einer ganz speziellen Attraktion gehört die spannende **Führung in der Karlsborg** mit Platzpatronen, Schlachtge-

» SPECIAL

Der Göta-Kanal

Das als das »Blaue Band Schwedens« bezeichnete System von Kanälen, Flüssen und Seen ist eine wichtige Wasserverbindung zwischen Göteborg und Stockholm und dementsprechend zwischen der Nordsee und der Ostsee. Der erste Abschnitt besteht aus dem mächtigen Fluss Götaälv und dem Trollhättan-Kanal, der zum Vänernsee führt. Im westlichen Teil des größten Sees Europas beginnt dann in Sjötorp der legendäre Götakanal. Eröffnet wurde der Kanal am 16. September 1832 und so mussten die Frachtschiffe nicht mehr den langen Weg rund um Südschweden nehmen und den Dänen horrende Zölle bezahlen. Der Marineoffizier und Politiker Baltzar von Platen konnte die Regierung vom Bau überzeugen und so waren 22 Jahre lang rund 58.000 Soldaten beschäftigt und gruben mit dem Eisenspaten den Kanal. Es wurden nicht nur Kanäle gegraben, sondern auch Schleusen gebaut, denn es galt eine Höhendifferenz zu überwinden. Höchster Punkt mit 91,8 ist der Viken-See (Schleuse Tåtorp). Entlang des Kanals entstanden Fabriken und Schmieden. Schwedische Studenten bedienen heute die Schleusen und antworten gerne auf die Fragen der vielen interessierten Besucher. Sie weisen die Freizeitkapitäne ein, damit der Hub von 2,5 Metern problemlos gelingt. Zwischen dem Vänernsee und der Ostsee befinden sich auf einer Strecke von 190 Kilometern 58 Schleusen, etliche Brücken, kleine und große Seen und sehenswerte Orte. Viele der Brücken werden wie von Geisterhand gesteuert. Mithilfe einer Kamera wird erkannt, dass ein Wassersportler wartet. Dann wird für den Autofahrer die Ampel auf Rot gestellt, die Schranke heruntergelassen und die Klapp-, Dreh- oder die Rollbrücke geöffnet.

Für den Frachtverkehr spielt der Kanal heute keine Rolle mehr, denn lediglich Schiffe mit einer Breite bis maximal sieben Metern und einer Länge von 30 Metern passen in die Schleusen (Mindesttiefe ca. 2,90 Meter). Große Bedeutung hat der Göta-Kanal für die Wassersportler und die Ausflugsschiffe. So bieten historische Dampfer wie die MS Juno von 1874, die MS Wilhelm Tham von 1912 oder die MS Diana von 1931 den Passagieren mehrtägige »Kanalkreuzfahrten« an. In der Regel ist der Göta-Kanal von Anfang Mai bis Ende September befahrbar. Infos unter www.gotakanal.se

Göta-Kanal – Das blaue Band Schwedens

» SEHENSWERT

Industriestädtchen Forsvik

In Forsvik befindet sich die älteste Schleuse des Göta-Kanals. Sie stammt aus dem Jahr 1813 und wer den Freizeitkapitänen beim Schleusen zuschaut, wird erkennen, dass sie sehr um ihre schmucken Boote besorgt sind, denn viele alte Steine ragen aus der historischen Schleusenmauer hervor. Forsvik ist ein alter Industriestandort mit einer rund 600jährigen Geschichte. In ihrer Blütezeit qualmte es in den alten Schmieden, in den Sägewerken wurden Bretter gesägt und das Getreide aus der Region wurde zu Mehl gemahlen. Das Sägewerk aus dem Jahr 1409 ist das älteste des Landes. Lohnenswert ist eine Führung in der alten Werft Forsvik Bruk, in der Schaufelraddampfer Eric Nordevall II rekonstruiert wird. Das Original aus dem Jahr 1836 liegt als Wrack auf dem Boden des Vätternsees. In der alten Gießerei finden im Sommer Theaterveranstaltungen statt (www.forsvik.com).

schrei, Soundeffekten und Stunts. Hierbei verstecken sich die Besucher hinter meterdicken Festungsmauern und erleben bei vibrierenden Boden und donnernden Kanonenschüssen einen Angriff auf die Festung. Das kleine Städtchen bietet neben dem imposanten Bauwerk auch einige nette Lokale und schließlich die Bademöglichkeit im Vätternsee, bei bester Wasserqualität. Im Hafen sollten Saunafreunde sich einige Saunagänge in der schwimmenden Sauna gönnen. Zum Abkühlen springt man direkt in den See.

Vätternsee

Mit zitternden Knien von dem aufregenden Festungsbesuch wird die Route über die Reichsstraße 49 in nördliche Richtung fortgesetzt. Die Strecke führt um den nördlichen Teil des **Vätternsees**. Einige Infos zum See: mit einer beachtlichen Fläche von 1.912 km² ist der lang gezogene See nach dem Vänernsee der zweitgrößte See des Landes. Hierbei handelt

Töreboda

Vikensee

35 km
Forsvik
Industriestädtchen

9 km
Karlsborg
Festung
Vätternsee

Das schmucke Passagierschiff MS Diana lief 1931 vom Stapel.

Tour 4

» WANDERN

Tiveden Nationalpark

Früher zogen sich in dem Gebiet des heutigen Nationalparks zahllose Räuber und Banditen zurück und heute lockt er unzählige Naturinteressierte an. Seit 1983 ist Tiveden Nationalpark und auf 25 Kilometer markierten Wanderwegen kann man den Nationalpark gut erkunden. Der größte Teil des Nationalparks befindet sich westlich des Sees Trehörningen. Der 1.353 Hektar große Park umfasst eine Wasserfläche von 137 Hektar. Durch die Einrichtung als Nationalpark Tiveden soll die zusammenhängende und nahezu unberührte Wald-, Seen- und Felslandschaft geschützt werden. Seit Jahrzehnten konnte sich diese Landschaft unbewirtschaftet entwickeln. Das hohe Alter des Waldes und das urtümliche, ursprüngliche Landschaftsbild prägen den Park. Das vor rund 10.000 Jahren zurückschmelzende Eis hinterließ im heutigen Gebiet viel Geröll und mächtige Gesteinsbrocken. Die darüber liegende Bodenkrume ist sehr dünn und bietet der Tier- und Pflanzenwelt kaum Lebensraum. Die Kiefer wächst nur sehr langsam und am Boden gedeiht die Rentierflechte. An anderen Stellen finden sich niedrigwüchsige Beerensträucher. Der Elch- und Rehbestand ist in diesem Raum sehr gering. Die alten Waldbestände bieten Lebensraum für Auerhahn, Rauhfußkauz sowie mehrere Specht- und anderen Vogelarten. Zwischen den nördlichen und südlichen Arten stellt der Nationalpark ein Grenzgebiet dar. Tiveden wurde mehrmals durch verheerende Waldbrände vernichtet. Das heutige Gebiet war von Menschen noch nie besiedelt, jedoch gab es nahe der Parkgrenze im 17.Jahrhundert einige Bauernhöfe. Holz wurde aus dem Wald bezogen. Überreste ehemaliger Köhlereien sind heute noch zu finden. Geprägt wird die Landschaft Tivedens durch den Urwald, die Seen, die Moore und Sümpfe sowie durch die mächtigen Felsblöcke. Insgesamt vermittelt der Park eine geheimnisvolle und schauerliche Atmosphäre. So wurden in Tiveden auch Waldgeister und Fabelwesen vermutet. Zu den eindruckvollsten Sehenswürdigkeiten gehört der »Stenkälla«, der aus riesigen Felsblöcken besteht und eine Quelle in der Höhle besitzt. Stenkälla kann über einen ausgeschilderten Wanderpfad erreicht werden. Die Rundwanderwege variieren zwischen 1,5 und 15 Kilometern. Der »Bergslagsleden« führt durch das ganze Gebiet. Gestartet wird jeweils vom Besucherzentrum (Parkplatz) mit Informationsstand und großer Übersichtskarte. Guter Campingplatz ist der »Stenkällegårdens Camping Tiveden«, am Fernwanderweg Bergslagsleden.

Göta-Kanal – Das blaue Band Schwedens

es sich um einen tektonischen Graben, der wie ein Keil in dem småländischen Hochland liegt. Seine Oberfläche liegt rund 88 Meter über dem Meeresspiegel und seine tiefsten Stellen hat er bei rund 100 Meter unter der Wasseroberfläche. Im Süden des Sees befindet sich die Insel **Visingsö**. Das klare Wasser lädt an vielen Stellen zum Baden ein und viele Wassersportler erfreuen sich an diesem schönen Segelrevier. Im Herbst jedoch fegen ungehindert die Stürme mit einer vorherrschenden Windrichtung von Nord nach Süd über das Wasser. Es bauen sich hohe Wellen auf, sodass der See schon so manches Boot verschluckt hat. Die Boote, die auf dem Göta-Kanal unterwegs sind, fahren über den See die direkte Verbindung von Karlsborg nach Motala.

Rund 25 Kilometer nördlich von Karlsborg, über die Reichsstraße 49 zu erreichen, lohnt sich eine Wanderung im kleinen **Tiveden Nationalpark**. In der Nebensaison wird es dort ruhig und dann wirkt der Nationalpark besonders geheimnisvoll.

Über die Reichsstraße 49 wird die Route in nördliche Richtung fortgesetzt und man erreicht nach rund 30 Kilometern das Städtchen **Askersund** (Campingplatz und Stellplatz am Hafen). Lohnenswert ist die Besichtigung des ansehnlichen Schlosses **Stjärnsunds Slott** (5 km südlich). Es wurde zwischen 1798 und 1803 im klassizistischen Stil erbaut und kann im Sommer besichtigt werden. Von der Stadt führt ein Hafensteg auf die »Bürgermeisterinsel«, die über einen kleinen Badestrand verfügt. Die weitere Route führt über die Reichsstraße 50 nun östlich entlang des Vätternsees, in südliche Richtung. Hierbei fährt man durch **Medevi Brunn**, dem ältesten Kurort des Landes (seit 1678).

Nach 17 Kilometern erreicht man die Stadt **Motala**, die Landschaft **Östergötland** und wieder den Göta-Kanal. Stellplatz am Hafen von **Motala Verkstad**.

Motala – Nicht nur für Museumsfreunde

Motala hat eine reizvolle Lage am Vänernsee und wird von dem Fluss **Motala Ström** und dem **Göta-Kanal** durchflossen. Das junge Industriestädtchen verdankt seine Existenz dem Göta-Kanal. Der Kanal-Erbauer Baltzar von Platen legte die Stadt fächerförmig als Verwaltungssitz der Kanalgesellschaft an und sorgte auch für die Einrichtung der technischen Werkstätten »**Motala Verkstad**«, die Wiege der schwedischen Maschinenbauindustrie. Kein Wunder also, wenn in diesem industriegeschichtlichen Ort zahlreiche Museen zu finden sind. Lohnenswert ist der Besuch des Göta-Kanal-Museums. Es befindet sich im dem Viertel »Dockanområdet« und ist in zwei alten Pavillons beim Trockendock untergebracht. Zu den weiteren Museen gehört u. a. das Heimatmuseum, das Industrie- und Porzellanmuseum, das Feuerwehrmuseum und das Motormuseum. Automobil- und Motorradfreunde werden viel Freude an den sehenswerten Autos, Motorrädern und Mopeds haben, die in einem zeitgenössischen Ambiente im Motala Motormuseum zu bestaunen sind. Am Göta-Kanal befindet sich auch das **Mausoleum** von

Lohnenswert ist eine Wanderung durch den Tiveden-Nationalpark.

Tour 4

Der Kanal führt direkt an dem alten Göta-Hotel vorbei.

> **» TIPP**
>
> Nordöstlich von Motala, an der geschützten Bucht Varamoviken am Vänernsee locken die kilometerlangen Strände von »**Varamobaden**«. Weicher Sandstrand lädt zum Sonnenbaden und das kristallklare Wasser zum Schwimmen ein (Campingplatz: Z-Parkens Camping). Allerdings ist man an heißen Sommertagen hier nicht allein und glaubt insbesondere an den schmalen Strandabschnitten, die Reise nach Südeuropa angetreten zu haben.

Baltzar von Platen (1766 – 1829) und auf dem Marktplatz wurde ein Standbild errichtet. Rund drei Kilometer östlich des Stadtzentrums, am Motala Ström lohnt sich ein Besuch des Schlosses **Charlottenborgs Slotts** mit einer sehenswerten Kunstausstellung.

Von Motala lohnt sich ein Ausflug zur schönen Stadt Vadstena, die sich mit einer malerischen Altstadt und einem imposanten Schloss empfiehlt (nähere Beschreibung: Route 6). Man erreicht die Stadt über die Reichstraße 50 nach 17 Kilometern.

Von Motala sind es nur 18 Kilometer zum netten Ort Borensberg (Stellplatz), in dem 2007 die 700-Jahr-Feier ausgiebig gefeiert wurde. Das Herz des Ortes schlägt an der kleinen Schleuse des Göta-Kanals. Hier werden die Schleusentore noch mit der Hand bedient. Gerne entlasten die Wassersportler oder Zuschauer die Studenten und betätigen sich als Aushilfsschleusenwärter. Direkt nebenan steht das legendäre und schmucke Göta-Hotel, vor dem die Schiffe festmachen und auf die Einfahrt in die Schleuse warten. An der Schleuse bietet sich ein typisches Schleusenbild. Die Crew der einfahrenden Schiffe ist hoch konzentriert, damit beim Schleusen alles glatt verläuft. Die routinierten Studenten strahlen eine souveräne Ruhe aus. Die interessierten Passanten diskutieren über die Ästhetik der Schiffe und wer gerade nicht mit den Händen in den Taschen diskutiert, nimmt gerne die Festmacherleine an, um sie über den Poller zu legen. Ist die Schleuse voll, so gilt ein besonderes Augenmerk den anderen Booten, denn schließlich wird es ziemlich eng in den alten Schleusen. Besonders eng wird es, wenn die historischen Ausflugsschiffe in die Schleuse fahren. Statt schützender Fender, die platzen würden, hängen unzählige Birkenstämme an der Bordwand herunter. Und wenn der nostalgische Dampfer dann in der Schleuse festgemacht hat, bleibt wirklich nur die sprichwörtliche »handbreit Wasser unterm Kiel« Platz. Passagiere wechseln die Seiten und verfolgen genau den Schleusenvorgang und so wie die Schiffsgäste die Seite wechseln, so beängstigend neigt sich auch das schmale und hohe Schiff.

Göta-Kanal – Das blaue Band Schwedens

» SEHENSWERT

Carl-Johan-Schleusen in Berg
Diese Schleusen sind die herausragende Touristenattraktion des Göta-Kanals! So säumen unzählige Interessierte die sieben aneinandergereihten Schleusen in Berg. Mithilfe dieser um 1815 gebauten Schleusentreppe wird eine Höhe von beachtlichen 18,8 Metern überwunden. Schiffe, die hinabgeschleust werden, setzen ihre Fahrt dann in dem Roxensee fort. Seit 2003 wird all-jährlich der Göta-Kanal durch jeweils ein Kunstobjekt bereichert, wie die neun Meter hohe Skulptur »Dubbelgångaren«. Sie steht auf einem Wellenbrecher im Roxensee unterhalb der Schleusen. In Berg findet man ei-nige Restaurants und eine beliebte Minigolfanlage. Von Berg aus kann man auch Tages- oder Abendausflüge mit dem Passagierschiff M/S Wasa Lejon unternehmen. Sehenswert in Berg ist ebenfalls die Klosterkirche und Klosterruine von Vreta, die man nach einem kurzen Spaziergang erreicht. Im 12. Jahrhundert wurde dieses erste Nonnenkloster in Schweden gegründet. Im Ort kann man in einigen Restaurants gut speisen.

In **Borensberg** befindet sich der Stellplatz unterhalb der Schleuse am Hafen und der ausgeschilderte Campingplatz rund einen Kilometer südlich der Schleuse. Nur wenige Meter nördlich der Schleuse steht man auf der Brücke über dem breiten Fluss Motala Ström, dessen Wassermassen vom See **Boren** in den See **Norrbysjön** fließen.

Nach einem kurzweiligen Besuch der Schleuse in Borensberg geht es weiter über

Die Carl-Johan-Schleusen gehören zu den Haupttattraktion am Göta-Kanal.

Nur wenige Schleusen, wie in Borensberg, müssen noch von Hand bedient werden.

In Söderköping schlendert man durch eine schöne Altstadt.

die Reichsstraße 36 in Richtung **Linköping**. Nach zehn Kilometern fährt man die Straße links ab zum großen, roten **Museumshaus** »**Museihuset**«, direkt am Göta-Kanal. Hier kommen Nostalgiker ins Schwärmen. In der Halle steht man staunend vor alten Booten, Automobilen, Bootsmotoren und einer Vielzahl von Automodellen. Stärken kann man sich im Café.

Die Route wird über die gut befahrbare Reichsstraße 36 fortgesetzt und dann in Richtung **Ljungsbro** abgebogen. Man folgt der Ausschilderung Berg und fährt zu dem Stellplatz am Hafen, in der Nähe der Schleusentreppe »Carl-Johan-Schleusen«. Auf einem großen ebenen Wiesengelände steht hier der Reisemobilist und zahlt an einem Parkautomat. Im kleinen Schleusenort **Berg** (Stellplatz) treffen Reisemobilisten, Dampferpassagiere und Wassersportler wieder aufeinander und sind begeistert von dem »Schleusenspektakel«. Von hier aus lohnen sich auch Radtouren, da der Radweg nach Borensberg direkt am Göta-Kanal entlang führt. Die Schiffe dürfen auf dem Kanal nur maximal fünf Knoten schnell fahren und so fährt man in Augenhöhe mit den Freizeitkapitänen. Immer wieder bieten sich Bänke zu einer Pause an und man winkt den Freizeitkapitänen oder den Passagieren auf den historischen Ausflugsschiffen zu.

Zurück geht es auf die Reichsstraße 36, die man Richtung **Linköping** fährt. Wer der Stadt mit ihrer gut erhalten **Domkirche** aus dem 13. Jahrhundert, dem benachbarten **Landes-**

Göta-Kanal – Das blaue Band Schwedens

18 km
Borensberg
*Göta-Kanal
Schleuse*

19 km
Ljungsbro

3 km
Berg
*Göta-Kanal
Karl- Johan-
Schleuse*

10 km
Linköping

35 km
Norsholm
Göta-Kanal

30 km
Söderköping
*Göta-Kanal
sehenswerte
Altstadt*

Stegeborg ↔
Ostsee
20 km

ern möchte, fährt am Stadtrand von der 210 auf die E66 (Richtung Norrköping). Eine Klappbrücke führt über den Göta-Kanal und danach führt eine Straße hinunter zum Campingplatz »Skeppsdockan Camping«. Hier kommen sich die Wassersportler und die Reisemobilisten so nah, wie kaum irgendwo anders, denn die Stellplätze enden an der Kaimauer, an der die Segel- und Motorboote festgemacht haben. Hier kann man sich beim abendlichen Grillen die Tische und Bänke teilen und kommt schnell ins Schwärmen angesichts einer bisherigen schönen Tour auf dem Göta-Kanal oder entlang des historischen Kanals. Ein Spaziergang von zwei Kilometern Länge führt ins schöne Söderköping.

Söderköping

Auf der Route gehört **Söderköping** zu den Attraktionen und wer über das ehrwürdige Kopfsteinpflaster durch die alten Gassen spaziert möchte mehr über die sehenswerte Stadt wissen. Sie gehörte einst zu den wichtigsten Handelsstädten des Landes. Im 13. Jahrhundert gründeten Kaufleute aus Lübeck die Handelsstadt, die über einen wichtigen Hafen verfügte. Durch die Landhebung verkümmerte der einst große Fluss »Storån« zu einem nicht mehr schiffbaren Bach und der einstige blühende Handelsort verlor an Bedeutung. Im Jahr 1567 wurden die zahlreichen Holzhäuser durch Angriffe der verfeindeten Dänen zerstört. Beim Wiederaufbau

museum, dem **Freilichtmuseum** oder dem **Luftwaffenmuseum** einen Besuch abstatten möchte, fährt Richtung Stadtzentrum.

Ansonsten fährt man auf die Autobahn E4 und setzt seine Fahrt Richtung **Norrköping** fort und verlässt die E4 über die Abfahrt 115. In **Norsholm** stößt man wieder auf den Göta-Kanal. Der kleine Kanalort verfügt über einen Stellplatz am Hafen. An der Jugendherberge »Norsholms Vandrarhem« findet im Sommer jeweils am Donnerstag ein Oldtimer- und Motorradtreffen statt.

Norsholm verlässt man in südliche Richtung und bleibt auf der Provinzstraße 210, die den Reisemobilisten dann in das idyllische Städtchen **Söderköping** bringt. Wer sofort einen empfehlenswerten Campingplatz ansteu-

» TIPP

Sicherlich hat jeder auf der Reise mal die Lust verspürt, einen Abschnitt des legendären Göta-Kanals mit dem Boot zu fahren oder das Ab- oder Aufschleusen auf einem Schiff mitzuerleben. In Söderköping hat man im Sommer die Möglichkeit mit dem Passagierschiff M/F Lindön einen Schiffsausflug zu unternehmen. Hierbei fährt man über den Göta-Kanal nach Stegeborg und zu den malerischen St.-Anna-Schären. An Bord wird dann auch fürstlich gespeist. Mehrtägige Fahrten sind ebenfalls möglich (Buchung und Information: Söderköpings Brunn, Tel. 0121/1 09 00, www.soderkopingsbrunn.se).

Tour 4

Die St. Laurentii-Kirche gehört zu den historischen Bauwerken von Söderköping.

30 km
Söderköping
Göta-Kanal
sehenswerte
Altstadt

Stegeborg ↔
Ostsee
20 km

Göta-Kanal
Mem
350–400 km Ziel

stößt man ebenfalls auf nette Geschäfte und steuert die alte **St. Laurentii-Kirche** an. Dieser markante Ziegelbau mit seinem separat stehenden und mit Schindeln bedeckten Glockenturm stammt aus dem 16. Jahrhundert. Gleich nebenan steht das **Stadtmuseum**, in dem man sich über die Geschichte der Stadt informieren kann. Ein modernes Gebäude ist das siebenstöckige **Silohochhaus** am Hafen. In dem früheren unansehnlichen Getreidesilo befinden sich nun exklusive Wohnungen mit Blick auf den Göta-Kanal. Ein weiteres sehenswertes Bauwerk ist das Rathaus am Marktplatz (Rådhustorget), in dem im Sommer Kunstausstellungen locken.

Von dem Kanalhafen in **Söderköping** müssen die Wassersportler noch drei Schleusen meistern, bis der Rumpf ihres Schiffes bei **Mem** in Salzwasser eintaucht. Eine kleine Wanderung oder eine Radtour führt direkt am Göta-Kanal auf den alten Treidelwegen entlang und endet dann nach sechs Kilometern in Mem (Stellplatz), dem Endpunkt der Wohnmobilreise am Göta-Kanal (Räder können auch in Söderköping gemietet werden!). In

wurden Häuser aus Stein gebaut. Anfang des 18. Jahrhunderts setzte aufgrund einer Heilquelle der Kurbetrieb ein. Heute besteht das einstige Kurgebiet »**Söderköping Brunn**« aus einer Hotelanlage mit klassischen Gebäuden inmitten einer reizvollen Parkanlage. Durch die Eröffnung des Göta-Kanals im Jahre 1832 erfuhr die Stadt einen weiteren Aufschwung und heute profitiert sie vom Kanaltourismus. Kein Wunder also, dass das Herz der Stadt am Kanalhafen schlägt. Zwischen den schmucken Booten und Restaurants und interessanten Geschäften promeniert man hier. Gegenüber bieten nackte Steilfelsen des Ramunderbergs ein unerwartetes schroffes Bild. Dann geht es mit wenigen Schritten in die Altstadt. Hier

> » **SPEISEN**
>
> Am Kanalhafen hat man keine Probleme das passende Restaurant zu finden. Einen schönen Tag sollte man mit einem Eis von der Eisbar »Smultronstället« krönen. Mehr als 60 Eisvarianten stehen auf der Speisekarte und mit Blick auf den lebendigen Hafen schmeckt das Eis besonders gut (www.smultronstallet.se).

Mem wurde der Göta-Kanal am 26. September 1832 durch König Karl XIV. Johan feierlich eingeweiht. Lohnenswert ist auch der Ausflug mit dem Wohnmobil zu dem kleinen Örtchen **Stegeborg** an der herrlichen Schärenküste der Ostsee. Hierbei fährt man über die Provinzstraße 210 in südöstliche Richtung und biegt in **Sörby** nach **Stegeborg** ab (20 km). Stegeborg befindet sich am Meeresarm Slätbaken. An einer engen Stelle wurde aus strategischen Gründen bereits im 13. Jahrhundert eine Festung errichtet. Sie ist heute eine interessante Festungsruine.

Göta-Kanal – Das blaue Band Schwedens

» ADRESSEN

Parken am Schloss in Vadstena

Touristeninformationen
Karlsborg Turism AB, Ankarvägen 2, 54630 Karlsborg, Tel. 0505/1 73 50, www.karlsborgturism.se

Motala Turistbyrå, Hamnen, 59186 Motala, Tel. 0141/22 52 54, www.motala.se

Söderköping Turistbyrå Stinsen, Margaretagatan 19, 61480 Söderköping, Tel. 0121/1 81 60, www.soderkoping.se

Karten/Atlas
Kümmerly + Frey Karte 2 »Süd-Schweden (West)«, umfasst den Südwesten Schwedens, Küste und die großen Seen Vänernsee und Vätternsee (ISBN 3-259-01262-1; Maßstab 1:250000) und Kümmerly + Frey Karte 3 »Süd-Schweden (Ost)« (ISBN 3-259-01261-3) im Maßstab 1:250000. Sinnvoller ist es jedoch den Autoatlas »Norden«, der an Statoil- oder Shell-Tankstellen in Schweden erhältlich ist und die entsprechenden Atlaskarten (Maßstab 1:300000) zu nutzen.

Campingplätze und Stellplätze
Am Göta-Kanal (Stellplätze)
Stellplätze für Wohnmobile entlang des Göta-Kanals befinden sich in Sjötorp, Lyrestad, Norrkvarn, Hajstorp, Jonsboda, Forsvik, Motala Verkstad, Borensberg (Glasbruket), Berg, Norsholm und Mem.

Töreboda (Camping Töreboda Gästhamn)
Am Gästehafen von Töreboda steht man auf dem erst 2007 eröffneten Campingplatz direkt am Göta-Kanal: Tel. 0506/101 01, www.torebodaturism.se.

Karlsborg (Karlsborg Camping)
Der Vier-Sterne-Campingplatz befindet sich rund einen Kilometer nördlich des Stadtzentrums und verfügt über einen Badestrand am See Bottensjön. In der Hochsaison ist er stets gut besucht: Tel. 0505/1 20 22, www.karlsborgscamping.se.

Stenkällegårdens Camping Tiveden
Der Vier-Sterne-Campingplatz ist ein guter Ausgangspunkt für Erkundungstouren im Tiveden Nationalpark. Er befindet sich in einem Wald an einem kleinen See und ist ganzjährig geöffnet. Den Nationalpark erreicht man über den Fernwanderweg »Bergslagsleden«: Tel. 0505/6 00 15, www.camping.se/r23

Motala (Z-Parkens Camping)
Rund 2,5 Kilometer nördlich des Stadtzentrums befindet sich zwischen dem Vätternsee und der Reichsstraße 50 der Campingplatz. Er bietet Badevergnügen an der herrlichen Strandbucht Varamobaden: Tel. 0141/21 11 42, www.camping.se/e18

Borensberg (Strandbadets Familjecamping)
Der familiäre Campingplatz liegt rund einen Kilometer südlich der Göta-Kanal Schleuse und ist gut ausgestattet. Tel. 0141/4 03 85, www.camping.se/e7

Söderköping
(Skeppsdockan Camping und Korskullen Camping)
Hier kann man direkt am Göta-Kanal stehen und den Wassersportlern zuwinken. Rund um das Dock befinden sich ebene Stellplätze. Zum Stadtzentrum des idyllischen Städtchen Söderköping sind es rund zwei Kilometer: Tel. 0121-21621, www.camping.se/e17. Ein weiterer Campingplatz ist »Korskullen Camping« mit einer zentralen Lage: Tel. 0121/2 16 21, www.camping.se/e34.

Der Campingplatz Skeppsdockan Camping liegt direkt am Göta-Kanal.

5 RUND UM DEN VÄNERNSEE
Grandiose Landschaften, freundliche Städte und ein aktives Reiseprogramm

Start- und Endpunkt: Trollhättan **Strecken:** RV45, 172, 164, RV45, E18, RV64, E20, RV44
Beste Jahreszeit: Mai bis September **Fahrzeit:** 7–14 Tage (ohne An-und Abreise)
Streckenlänge: 500–550 km

Am Ufer des Vänernsees, dem größten See des Landes, glaubt der Reisemobilist am Meer zu stehen. Den Horizont verliert man auf der Rundreise nicht aus dem Auge und taucht in idyllische Landschaften wie das seenreiche Dalsland ein, entdeckt malerische Schärengärten, wandert auf Tafelbergen und besucht die Halbinsel Kallandsö, die weit in den Vänernsee hineinragt. In den großen Buchten des Sees haben freundliche Städte ihre geschützte Lage und Campingplätze bieten Badevergnügen und Bootstouren.

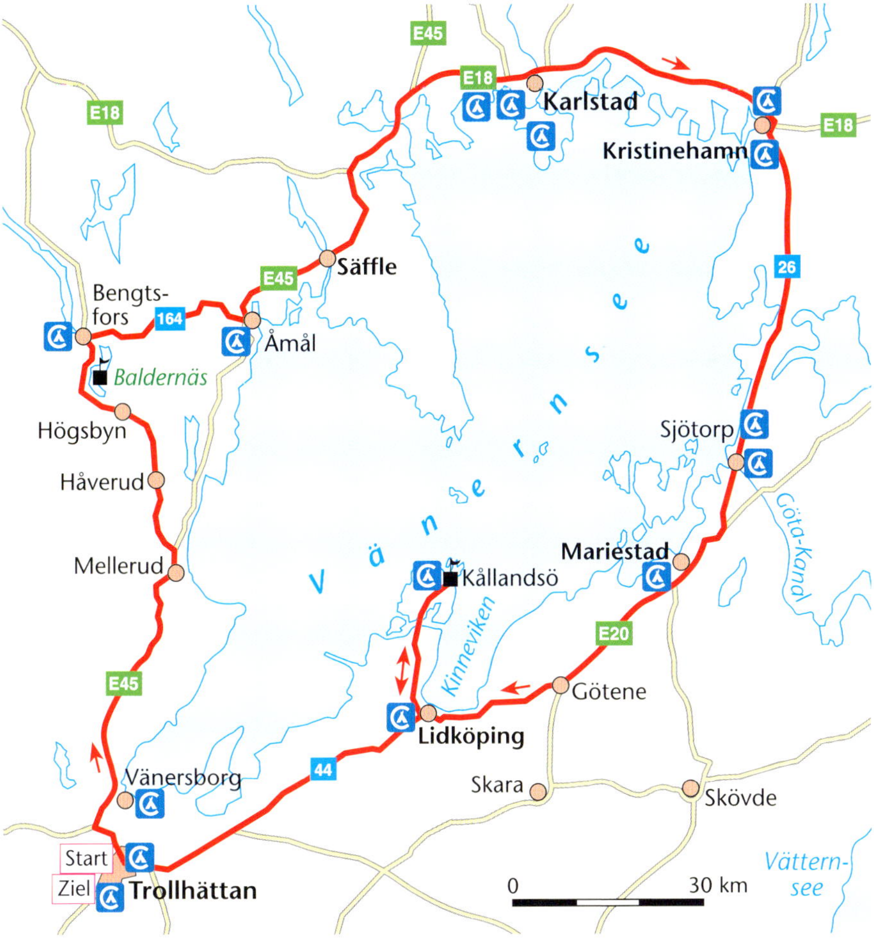

Rund um den Vänernsee

Die Rundreise mit dem Wohnmobil um den größten See Skandinaviens beginnt in der Stadt **Trollhättan**. Wer nicht viel Zeit bei der An- und Abreise verschenken will und zudem eine komfortable Anreise wünscht, sollte die Fährverbindung von **Kiel** nach **Göteborg** (**Stena Line**) wählen. Von Göteborg sind es dann über die Reichsstraße 45 bis nach Trollhättan rund 80 Kilometer. Die gut ausgebaute Straße verläuft parallel zum Fluss **Götaälv**. Einige Kilometer nördlich von Göteborg passiert man in **Kungälv** die sehenswerte **Bohusfestung** (siehe TOUR 3) und in **Lilla Edet** eine riesige Zellulosefabrik, in der Hygieneartikel produziert werden. Hierbei verlässt man auch die Provinz **Bohuslän** und gelangt in die Landschaft **Västergötland**. Nach 22 Kilometern erreicht man mit Trollhättan den Start- und Endpunkt der Reise rund um den Vänernsee.

Der riesige **Vänernsee**, der auf einer Höhe von 98 Metern über dem Meeresspiegel liegt, bietet ein Menge Freizeitaktivitäten und so sollte der Reisemobilist die Möglichkeiten zum Beispiel zum Baden nutzen. An vielen Stellen bieten sich Strände zum Relaxen an und in dem sauberen See kann man prima schwimmen. Im August kann sich das Wasser auf Temperaturen über 20°C erwärmen. Das rund 5.600 km² große Gewässer mit seinem buchten- und inselreichem Ufer kann man mit dem Kanu, Ruder- oder Motorboot entdecken. Mehr als 22.000 Inseln und Schären verteilen sich im Vänernsee und stellen für die Wassersportler so manche einsame Insel dar. Wer Ruhe sucht, wirft die Angel aus und wird sich über einen kapitalen Fang wie einen Vänern-Lachs sehr freuen. Voller Vorfreude trifft der Wohnmobilreisende zunächst in Trollhättan ein.

Auf dem Fluss Götaälv sind zahlreiche Wassersportler unterwegs.

Tour 5

Die großen Schleusen sind die Hauptattraktion von Trollhättan.

Trollhättan

Das Stadtgebiet von **Trollhättan** erstreckt sich überwiegend am westlichen Ufers des Flusses **Götaälv**, nur wenige Kilometer südlich des Vänernsees. Sie ist mit rund 52.000 Bürgern die zweitgrößte Industriestadt von **Västergötland**. Bereits vor rund 7.000 Jahren siedelten sich die ersten Jäger und Fischer an, aus denen im Laufe der Zeit Bauern wurden, die das fruchtbare Land erfolgreich bewirtschafteten. Im 16. Jahrhundert war Trollhättan eine kleine Siedlung. Die Kraft des Flusses trieb im Mittelalter die Sägemühlen an. Der wichtige Aufschwung erfolgte dann durch den Bau des Trollhättan-Kanals und des Göta-Kanals zu Beginn des 19. Jahrhunderts, einer schiffbaren Verbindung zwischen der Nordsee und der Ostsee. Erst 1912 erhielt Trollhättan die Stadtrechte und zwei Jahre zuvor wurde das erste Kraftwerk gebaut, was später zur Ansiedlung der Industrie führte. Heute werden Kraftfahrzeuge (Saab), Flugzeugmotoren, Turbinen und Eisenbahnmaterialien produziert. In jüngster Zeit werden in den größten schwedischen Filmstudios auch zahlreiche Filme produziert. Trotz Industrie stößt der Stadtbesucher auf eine freundliche Stadt mit einer sehenswerten Innenstadt und einer reizvollen Promenade entlang des Göta-Flusses. Zu den Sehenswürdigkeiten gehören in erster Linie die rund 32 Meter hohen **Trollhättanfälle**, durch die der Vänernsee in den Fluss Götaälv abfloss. Sie werden schon seit Beginn des vorigen Jahrhunderts zur Stromgewinnung ge-

Rund um den Vänernsee

» TOP-TIPP

Elchsafari
Wer nach Schweden fährt, hofft insgeheim einen Elch zu sehen! Natürlich sollte er nicht auf der Straße vor dem Wohnmobil auftauchen, sondern in gut sichtbarer Entfernung und in natürlicher Umgebung erscheinen, was allerdings selten passiert. Daher sollte man sich einer sogenannten Elchsafari anschließen. Das Touristenbüro Vänersborg fährt mit Bussen zu den östlich liegenden Tafelbergen Halle- und Hunneberg. Diese Tafelberge, die mit rund 100 Meter steilen Felswänden aus der flachen Landschaft herausragen, sind für einen hohen Elchbestand bekannt. Darüber hinaus lockt auch noch ein Elchmuseum auf dem Hunneberg. Einige Aussichtspunkte auf den Tafelbergen ermöglichen einen schönen Überblick, z. B. von der nördlichen Anhöhe Hallesnipen (132 m), von der man den Vänernsee überblicken kann.

nutzt. Da das Wasser des Vänern jetzt kontinuierlich durch stromerzeugende Turbinen abfließt, sind die Wasserfälle regelrecht »trockengefallen« und nur an drei Tagen im Jahr rauschen die Wassermassen über die sonst trockene Schwelle. Sehenswert sind auch die **Schleusenanlagen** mit der Schleusentreppe, die aus sechs Schleusenkammern besteht. Diese Schleusen wurden nach ihrem Erbauer Christoffer Polhem (Polhem-Schleusen) benannt. Das Passieren der sechs Schleusen beansprucht rund 45 Minuten und hierbei beträgt der Höhenunterschied beachtliche 32 Meter. In der Nähe befindet sich auch das informative **Kanalmuseum**, das auf sehr anschauliche Weise über die Entwicklung des Kanals informiert. Ein weiteres lohnenswertes Museum ist das **SAAB-Museum**. Es informiert über eine mehr als 60jährige Automobilbau-Geschichte. 1947 lief das erste Fahrzeug, der sogenannte Ur-SAAB vom Band. Neben Automobilen baut SAAB auch Flugzeuge.

Über die Reichsstraße 44/45 (Richtung Vänersborg) verlässt man die Industriestadt und fährt über die große Brücke Stallbacksbron, direkt hinter der Brücke liegt das riesige Einkaufszentrum Överby Köpcenter, das auch am

» SPECIAL

Dalsland – Schweden in Miniatur
Vorweggesagt, in Dalsland kann man die Seele baumeln lassen und hier ist man weit weg von Alltagshektik und Stress. Die dichten Wälder, unzähligen Seen, ursprünglichen Flüsse und natürlich die falunroten Holzhäuser entsprechen den allgemeinen Vorstellungen, die viele Touristen von Schweden haben. Die erlebenswerte Landschaft Dalsland erstreckt sich im Westen entlang des Vänernsees und grenzt an Norwegen.
Obwohl die bewaldeten Gebiete nur sehr schwer zugänglich waren, wurde die Region bereits vor rund 8.000 Jahren besiedelt und so stößt man auch auf alte Zeugnisse wie Fluchtburgen, Felszeichnungen und Grabhügel. Die Christianisierung setzte recht spät ein und so wurden erst ab dem 12. Jahrhundert die ersten Kirchen errichtet. Da die vielen Eisenhütten mit Holz aus Dalsland beliefert wurden, erlebte die Forstwirtschaft einen immensen Aufschwung. Zunächst nahm die Bevölkerung rasch zu und in der Folgezeit mussten aufgrund der Überbevölkerung zahlreiche Familien auswandern. Dalsland gehört zu den kleinen Landschaften Schwedens und die Bevölkerungsdichte beträgt lediglich zehn Einwohner pro Quadratkilometer. Das idyllische Örtchen Åmål am großen Vänersee ist die einzige Stadt. Auch heute spielt Holzwirtschaft eine Rolle und mehr als die Hälfte der Fläche ist überwiegend von Kiefern- und Fichtenwäldern bedeckt. Elf Prozent nehmen die Gewässer ein und somit ist Dalsland die seenreichste Landschaft in Schweden. Dalsland kann man mit »Tal-Land« übersetzen. Allerdings sind die meisten Täler wassergefüllt und stellen somit lang gezogene Seen dar, die sich in Nord-Süd-Richtung erstrecken. Die Region hat den höchsten Punkt mit dem Baljåsen, der jedoch nur 301 Meter hoch ist. Große und kleine Seen mit idyllischen Buchten und bezaubernden Eilanden umgeben von Wäldern bestimmen das reizvolle Landschaftsbild. Die Seen sind durch Flüsse und teilweise auch durch Kanäle verbunden. Hierbei ist das größte Seensystem mit 254 Kilometern Länge der bekannte und mehr als 150 Jahre alte Dalslandkanal. Während in den Wäldern die Naturliebhaber bei ausgiebigen Wanderungen auf ihre Kosten kommen, ist das dichte Netz an Seen, Flüssen und einigen Kanalabschnitten ein Eldorado für Kanuten. Auf den Campingplätzen können Kanus oder Kanadier ausgeliehen werden und so steht einer Entdeckungstour nichts mehr im Wege. Mit dem Kanu gleitet man lautlos durch das Wasser und erlebt hautnah die herrliche Natur. Auch mit dem Fahrrad lässt sich Dalsland entdecken und ein ganz besonderes Abenteuer ist die Fahrt mit einer Draisine. Natürlich lohnt sich auch das Angeln in den Flüssen und Seen. Im Vänernsee kann man kostenfrei Angeln und hier stößt der Petrijünger auf einen hohen Bestand an Vänernsee-Lachsen. Abschließend sollte noch auf eine Kuriosität hingewiesen werden, denn es gibt in ganz Dalsland keine Ampeln.

Rund um den Vänernsee

Sonntag geöffnet hat. Nach dem ausgiebigen Einkauf sind es nur wenige Kilometer bis zur Stadt Vänersborg.

Vänersborg

Vänersborg ist die Provinzhauptstadt von **Älvsborg Län**. Die Stadt liegt am Südufer des Vänernsees und ist wie **Trollhättan** eine Industriestadt, allerdings mit bedeutend weniger Attraktionen. Zu den Highlights gehört die **Statue des Heiligen Martin**, die auf dem großen Marktplatz, dem Stortorget, steht und von dem bekannten schwedischen Künstler Carl Milles geschaffen wurde. Ein sehenswertes Bauwerk ist die **Residenz des Landeshauptmannes** aus dem Jahre 1754. Museumsliebhaber sollten sich mal in dem **Stadtmuseum** umsehen. Es beherbergt eine interessante südafrikanische und ägyptische Sammlung sowie numismatische und archäologische Ausstellungen.

Die weitere Route führt über die Reichsstraße 45 von **Vänersborg** in nördliche Richtung (Richtung Åmål und Karlstad). Hierbei durchfährt man die schwedische Landschaft **Dalsland** (siehe Special, Seite 103).

Auf der Reichsstraße 45 durchquert man die reizvolle Landschaft und fährt durch den Ort **Mellerud**. vier Kilometer nördlich von Mellerud biegt man nach links auf eine kleinere Straße ein, über die man nach 12 Kilometern das Örtchen **Håverud** erreicht. Hier verläuft der Dalsland Kanal und der **Aquädukt von Håverud** verblüfft die Besucher. In der Nähe von Aquädukt und Schleuse befindet sich ein Parkplatz mit Picknick-Möglichkeit.

»SEHENSWERT

Der **Aquädukt in Håverud** gehört so zu den meistbesuchten Touristenzielen des Landes und alljährlich zieht es mehr als 500.000 Besucher zu diesem einzigartigen Bauwerk. So herrscht an diesem wichtigen Teil des Dalsland-Kanals im Sommer reger Betrieb. Dieses technische Meisterwerk trägt die Handschrift des Kanalbauingenieurs Nils Ericsson, der diese rund 33 Meter lange »Wasserbrücke« über die Stromschnellen des Havreströmmen im Jahr 1868 bauen ließ. Die Eisenplatten sind durch 33.000 Nieten verbunden, von denen natürlich alle halten, auch wenn ein Ausflugsschiff über das Aquädukt fährt. Dann bleibt auch die sprichwörtliche handbreit Wasser unter dem Kiel frei. Unterhalb der »Wasserbrücke« liegen die alten Schleusen, und so müssen die Schiffe vor oder nach dem Durchfahren des Aquäduktes geschleust werden. An der Schleusenanlage sollte man einen Blick in das Kanalmuseum und in das Informationszentrum Dalsland Center werfen (www.dalslandkanal.se).

Links: Auf dem Aquädukt in Håverud wird es für Ausflugsschiffe sehr eng.

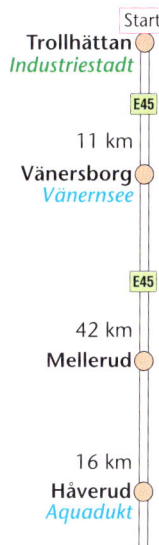

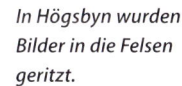

In Högsbyn wurden Bilder in die Felsen geritzt.

Nachfolgende Doppelseite: Der Vänernsee ist rund zehnmal größer als der Bodensee.

Tour 5

Rund um den Vänernsee

Tour 5

Durch das reizvolle Dalsland geht es vorbei an zahlreichen Seen und durch große Waldgebiete.

Weiter geht es über die Landstraße in nördliche Richtung bis in den Ort **Högsbyn**. Hier sollte man am See **Råvarpen** die interessanten Felszeichnungen mal unter die Lupe nehmen. Sie sind ein Zeugnis der frühen Besiedlung und stammen aus der Bronzezeit. Auf einer Fläche von 600 mal 100 Metern wurden bisher 300 Einzelzeichnungen gefunden. In dem Hauptgebäude oberhalb des Feldes erhält man Informationen und bekommt auch hausgemachten Kuchen serviert. In der Nähe besteht eine Bademöglichkeit und die Möglichkeit zur Übernachtung auf dem Campingplatz Högsbyn Fritidssenter. Von Högsbyn führt die kleine Straße weiter nach **Dals Långed**. In **Langbron** biegt man nach **Baldernäs** ab und sollte dem prächtigen **Herrenhaus Baldernäs** mit dem herrlichen Park einen Besuch abstatten (Wohnmobilparkplatz am See). Zurück geht es wieder nach Langbron und dann Richtung Billingsfors/Bengtsfors zur Provinzstraße 172, über die man **Bengtsfors** erreicht.

Bengtsfors

Einladend und freundlich wirkt das Dorf **Bengtsfors**, das am Südende des langen Sees **Lelang** liegt. Dieser schmale See vermittelt ein typisch schwedisches Bild. Entlang des Ufers stehen kleine Holzhäuser und im See tummeln sich winzige Inseln. In Bengtsfors lohnt sich der Besucher des **größten Freilichtmuseums Dalslands** mit alten Häusern und einem Großbauernhof aus dem 18. und 19. Jahrhundert. Das alte Inventar lässt die Vergangenheit wieder lebendig erscheinen. Auch in **Bengtsfors** sollte man sich die alten, kleinen Schleusen des Dalsland Kanals anschauen. Sie befinden sich in unmittelbarer Nähe des Stadtzentrums.

Bengtsfors verlässt man über die Provinzstraße 172. Man fährt zunächst zurück in östliche Richtung, biegt nach zwei Kilometern nach links ab und ist auf der Provinzstraße 164 unterwegs. Nach einer Fahrt durch dichte Wälder und vorbei an einigen Seen trifft der Wohnmobilreisende nach 32 Kilometern in

Rund um den Vänernsee

Åmål, am Vänernsee ein. Auf diesem Streckenabschnitt sollte man vorsichtig und vorausschauend fahren, denn in den Wäldern ist der Elchbestand besonders hoch. In Åmål kann man sein Wohnmobil am Gästehafen parken oder man gönnt sich einen Stellplatz auf dem komfortablen Campingplatz »Örnäs Camping«, der rund zwei Kilometer südöstlich des Stadtzentrums liegt.

Åmål

Wer die international erfolgreichen Filme aus Schweden kennt, weiß mit **Åmål** sofort etwas anzufangen. In dem Film »Raus aus Åmål« oder wie es im Originaltitel wesentlich krasser heißt »Fucking Åmål«, steht die Stadt für Einöde und Langeweile in der schwedischen Provinz. Tatsächlich ist die einzige Stadt Dalslands, die rund 13.000 Einwohner beherbergt, ein freundliches aber weniger spektakuläres Städtchen. Åmål (www.amal.se) ist das Verwaltungszentrum von Dalsland und hat eine geschützte Lage in einer Bucht an der Küste des großen Vänernsees. Gegründet wurde die Stadt im Jahr 1640 und bereits 1643 verlieh Königin Christina die Markt- und Stadtrechte. Åmål blickt auf eine ereignisreiche Geschichte zurück und erlebte viele Plünderungen und verheerende Stadtbrände. Lediglich die 1669 erbaute Steinkirche trotzte den Stadtbränden. Seit dem 19. Jahrhundert ist die Stadt das Zentrum für Handel, Schifffahrt, Kunsthandwerk und Industrie mit dem Schwerpunkt Holz verarbeitende Industrie. Aber auch der Fremdenverkehr spielt eine zunehmende Rolle, denn schließlich bieten der große Vänernsee und die umliegenden Wälder einige Urlaubsaktivitäten. Golffreunde erfreuen sich in **Forsbacka** an der **18-Loch-Golf-Anlage**. Darüber hinaus verfügt die Stadt über einige Sehenswürdigkeiten wie das **Haus des Waagemeisters** (Vågmästargården) aus dem Jahr 1714, in dem der Waagemeister das Eisen wiegen musste. Es gehört zu den besterhaltensten Gebäuden aus dieser Zeit und ist historisch bedeutsam, denn hier wurde 1716 nach einer Kriegsverletzung der spätere König Frederik I. gesund gepflegt. Weitere sehenswerte

Åmål ist ein idyllisches Städtchen am Vänernsee.

Tour 5

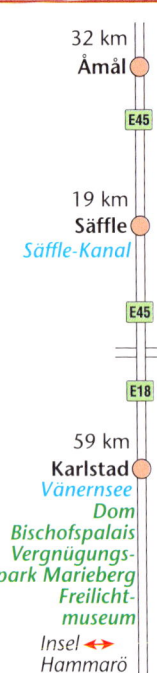

32 km
Åmål
E45

19 km
Säffle
Säffle-Kanal
E45

E18

59 km
Karlstad
*Vänernsee
Dom
Bischofspalais
Vergnügungs-
park Marieberg
Freilicht-
museum
Insel ↔
Hammarö*

Das Rathaus gehört zu den prächtigsten Bauwerken von Karlstad.

Gebäude umgeben den Stadtpark. In diesem alten Holzhausviertel steht auch das Haus **Dahlgrensgården** (1788), in dem 1856 der Philosoph Vitalis Norström geboren wurde. Sehenswert ist das **Heimatmuseum** u. a. mit einem nostalgischen Kaufmannsladen. Es steht in der Nähe des Gästehafens und gegenüber steht die weiße **Kirche von Åmål** (Gamla Kyrkan) aus dem Jahr 1669, die heute überwiegend als Konzertsaal genutzt wird. Museumsfreunde werden ihre Freude an dem **Industriemuseum** mit einer mechanischen Werkstatt aus dem Jahre 1918 und an dem **Eisenbahnmuseum** mit einigen alten Lokomotiven, Schienenbussen, Passagier- und Güterwagen sowie Motordraisinen haben.

Im waldreichen Umland von Åmål lohnen sich Wanderungen, denn hier stößt man vielleicht auf eine der größten Sehenswürdigkeit, die Schweden zu bieten hat, den **Elch**. Der »König der Wälder« ist in den Wälder rund um Åmål zahlreich vertreten und leider sehr scheu. Wer sehr früh in den Wäldern wandert, Ruhe bewahrt und sich überwiegend in lichten Birkenwäldern aufhält, hat eine Chance einen Elch zu sehen.

Auch für den Reisemobilisten heißt es nun »Raus aus Åmål« und so verlässt er das Städtchen über die 45 in nordöstliche Richtung. Nach wenigen Kilometern verlässt er die Landschaft Dalsland, erreicht **Värmland** und landet in der Stadt **Säffle** (Åmål – Säffle 19 km). Die Stadt liegt im nördlichen Teil auf der Landzunge **Värmlandsnäs**, die in den Vänernsee hineinragt. In Säffle ist auch der Säffle-Kanal, eine wichtige Verbindung zwischen dem Vänernsee und dem Seensystem Byälven-Harefjorden-Glafsfjorden. Diese bedeutende Wasserstraße, an der sich zahlreiche Hügelgräber reihen, besteht schon seit der Bronzezeit und wird auch als Vikingleden bezeichnet. Zu den Sehenswürdigkeiten auf der sogenannten »Nase Värmlands«, der Värmlandsnäs gehören einige ansehnliche Kirchen aus dem 12. Jahrhundert.

Die Route wird über die Reichsstraße 45 fortgesetzt und nach 17 Kilometern erreicht man die Europastraße 18, über die man nach 42 Kilometern in die sehenswerte Stadt **Karlstad** gelangt. Das recht dünn besiedelte Värmland hat nur wenig Städte zu bieten – allen voran die Provinzhauptstadt Karlstad.

Karlstad

Karlstad zählt immerhin rund 80.000 Einwohner und hat eine günstige Lage am nördlichen

Rund um den Vänernsee

» AUSFLUG

Einen Ausflug sollte man auf die vorgelagerte Insel **Hammarö** unternehmen, auf der sich auch der Campingplatz »Hammarö Turistcenter Mörudden« befindet. Die Insel ist 55 km² groß und mit dem Festland durch zwei Brücken verbunden. Auf der Insel steht die Hammarö Kyrka, eine alte Kirche aus dem 13. Jahrhundert. An eine frühe Besiedlung erinnern Richterringe und Gräberfelder, die in der Eisenzeit angelegt wurden. Man stößt auch auf einige Runensteine aus dem 11. Jahrhundert und für entspannende Augenblicke sorgen die schönen Badestrände u. a. in Mörudden, Västra Skagene, Rud und Getingberget. Umgeben ist Hammarö wiederum von kleinen Inseln, die teilweise unter Naturschutz stehen (www.hammaro.se).

Ufer des Vänernsees, im Mündungsgebiet des mächtigen Flusses **Klarälven**, dem längsten Fluss des Landes. Mit rund 1.800 Sonnenstunden gehört Karlstad zu den sonnenreichsten Städten Schwedens und der Reisende wird überrascht sein, dass man hier einen richtigen Sommer erleben kann. Die größte Stadt Värmlands und wichtigste Hafenstadt am Vänernsee blickt auf eine ereignisreiche Geschichte zurück. Die Region war schon relativ früh besiedelt und entwickelte sich zu einem bedeutendem Handelsplatz. Die Stadtgründung erfolgte 1647 durch König Karl IX., der ihr den Namen gab. Sein Reiterstandbild ist auf dem Residenzplatz zu sehen. 1584 erhielt Karlstad die Stadtprivilegien und im Jahre 1647 wurde Karlstad Sitz des Bischofs. Immer wieder wurde Karlstad von verheerenden Großbränden heimgesucht. Seit dem Stadtbrand von 1865 hat sich das Erscheinungsbild der Stadt nicht mehr verändert. Leider verfügt die Stadt nur über wenige alte Bauwerke, lediglich in dem Stadtviertel Almen westlich des Residenzplatzes stehen einige alte Gebäude aus dem 18. Jahrhundert. Die Stadtbrände verhinderten den wirtschaftlichen Aufschwung, der erst zu Beginn des 20. Jahrhunderts einsetzte. 1905 ist ein wichtiges Datum sowohl in der norwegischen als auch in der schwedischen Geschichte. In Karlstad wurde die 1814 begonnene Union zwischen Norwegen und Schweden beendet. Im Stadtzentrum am Marktplatz, dem Stora Torget, steht das **Freimaurerhaus**, in dem diese Union aufgelöst wurde. Vor dem Rathaus steht auch ein großes Friedensmonument, das an die Trennung erinnert. Sehenswert ist auch die **Statue der Kellnerin Sola** vor dem Stadthotel. Ihre fröhliche Art führte zum gängigen schwedischen Ausspruch »Du strahlst ja wie Sola aus Karlstad«. Das Gesicht einer anderen Frau aus Karlstad ist hingegen in Deutschland bekannter, denn die berühmte Schauspielerin Zarah Leander wurde 1907 in Karlstad geboren. Bedeutende Bauwerke sind der **Dom**, der 1758 vollendet wurde, das gegenüberliegende alte **Gymnasium**, das 1759 gebaut wurde sowie das **Bischofspalais** aus dem Jahre 1780. Wer

In der lebendigen Innenstadt von Karlstad laden viele Geschäfte zum Shopping ein.

Kristinehamn ist ein idyllisches Städtchen.

sich für die Landschaft **Värmland** interessiert, sollte sich in dem **Värmland Museum** umsehen, das auf einer Landzunge im Fluss **Klarälven** liegt und Sammlungen zur Geschichte Värmlands, insbesondere über das Leben der finnischen Siedler, zeigt. Im Süden der Stadt zieht der **Vergnügungspark Marieberg** und ein **Freilichtmuseum** die Besucher an. Natürlich gehören nicht nur die Museen zu den Attraktionen, sondern die schöne Innenstadt mit netten Geschäften, einladenden Straßencafés und lebendigen Plätzen ziehen den Stadtbesucher ebenso schnell in ihren Bann. Die Stadterkundung kann man bestens am Hafen beenden. Hier sitzt man am Abend noch bei grellem Sonnenschein auf der Terrasse der alten Lagehäuser Magasin 1 und 2, trinkt sein Bier und schaut den Wassersportlern zu, wenn sie mit ihren Booten einlaufen. Nach einem langen und gemütlichen Abend wird man sicherlich ebenso fröhlich wie die Sola aus Karlstad strahlen. Eine schmackhafte Erinnerung sollte man in Karlstad kaufen, denn hier wird in der **Kaffeerösterei Löfberg** aromatischer Kaffee produziert.

Die Insel **Hammarö** und die lebendige Stadt Karlstad verlässt man über die Europastraße 18 in östliche Richtung. Nach wenigen

Rund um den Vänernsee

Kilometern passiert man den Ort **Alster**. Hier befindet sich das Geburtshaus des Dichters Gustaf Fröding, geboren 1860. Zügig rollt das Reisemobil über die E18 nach **Kristinehamn**. Hierbei fährt man über zahlreiche Flüsse und erreicht den Ort **Ölme**, in dem man einen mehr als 100 Jahre alten Landhandel (mit Verkauf) besichtigen kann. Von Karlstad sind es nach Kristinehamn 42 Kilometer. Am Gästehafen befinden sich Wohnmobil-Stellplätze.

Kristinehamn

Kristinehamn ist ein nettes Städtchen in der nordöstlichen Ecke des Vänernsees. Sie ist eine Hafen-, Industrie- und Garnisonsstadt und liegt in der kleinen und geschützten Bucht **Vanumsviken** an der Mündung zweier zusammenfließender Flüsse. Diese gute Lage begünstigte die Besiedlung und so bestand schon recht früh ein Handelsplatz. Im Jahre 1582 ließ König Karl IX. eine Gießerei und ein Schloss errichten. Bis zum Jahr 1642 hieß dieser Ort Bro und wurde mit Verleihung der Stadtrechte nach Königin Kristina in Kristinehamn umbenannt. Der Hafen wurde zu einem wichtigen Verschiffungshafen für die Eisenprodukte der Bergbauregion Bergslagen. Wer durch die gepflegte Stadt schlendert, wird schnell ihren Charme einfangen. Das Herz der Stadt schlägt in dem **Altstadt- und Künstlerviertel Vågen** und nebenan befindet sich der Hafen. Entlang des Wassers locken kleine Restaurantbetriebe und in den Läden werden Kunsthandwerksartikel angeboten. Das Zentrum der Stadt markiert das Rathaus, das aus dem 18. Jahrhundert stammt und das Stadtmuseum beherbergt. Es verfügt über historische und archäologische Sammlungen. Wenige hundert Meter entfernt steht die **Kirche von Kristinehamn**, die 1858 vollendet wurde. Sie zählt zu den ersten neugotischen Kirchen Schwedens und verfügt über eine sehenswerte Kanzel und einen Altaraufsatz im Barockstil. Zwei weitere Anziehungspunkte befinden sich außerhalb des Stadtzentrums. Im nördlichen Stadtteil, zwei Kilometer entfernt, befindet sich in den ehemaligen Räumen einer Klinik nun eine **Kunsthalle** mit Werken lokaler

Karlstad
Vänernsee
Dom
Bischofspalais
Vergnügungspark Marieberg
Freilichtmuseum
Insel ↔
Hammarö

E18

42 km
Kristinehamn
Vänernsee
Altstadt- und
Künstlerviertel
Vågen
Picasso Skulptur

26

56 km
Sjötorp
Göta-Kanal

26

E20

21 km
Mariestad
„Perle am
Vänernsee"
Altstadt
Schloss, Dom

E20

» SEHENSWERT

Wer hätte gedacht, dass man bei einer Reise rund um den Vänernsee auf ein echtes Kunstwerk von Pablo Picasso stößt. Auf einer Landzunge wenige Kilometer südlich des Stadtzentrums, am Ufer des Vänernsees steht die sehenswerte Picasso-Skulptur. Diese rund 15 Meter hohe Skulptur ähnelt einem Totempfahl und ist ein Geschenk des spanischen Künstlers. Modell stand Picassos Frau Jaqueline. Über die westliche Ringstraße (Västra Ringvägen) gelangt man auf die Straße »Presterudsvägen«, auf der man bleibt und die dann zu dem Kunstwerk führt.

Rund um den Vänernsee

Künstler sowie Wechselausstellungen namhafter Kunstschaffender. Im Stadtteil **Kvarnbyn** präsentiert sich ein **Freilichtmuseum** mit vielen alten Hofgebäuden. Zu den Highlights gehört die Fahrt hinaus in den **Schärengarten**. Die Ausflugsschiffe steuern hierbei die Inseln Vålön, Kalvön und Sibberön an.

Von Kristinehamn gelangt man problemlos auf die Reichsstraße 64, die den Reisenden in südliche Richtung durch Wälder und vorbei an Wiesen und Getreidefeldern leitet. Hier stellt sich wieder das Gefühl von Einsamkeit ein, denn nur vereinzelt sieht man einige Höfe. Nach 30 Kilometern erreicht man die Provinzgrenze, von der ab der Reisende in der Landschaft Västergötland unterwegs ist. Nächstes Ziel ist Mariestad. Auf dem Weg dorthin passiert man wenige Kilometer südlich von Otterbäcken den Campingplatz »Barfotens Camping«. In Sjötorp sollte man sich dem Göta-Kanal widmen. Hier beginnt die TOUR 4, die ausführlich über das Kanalörtchen, den wichtigen Wasserweg und die Campingmöglichkeiten informiert.

Von Sjötorp sind es elf Kilometer bis zur E22, auf der man in südwestlicher Richtung unterwegs ist und nach rund zehn Kilometern in Mariestad eintrifft. Am besten gleich zum Campingplatz Ekuddens Camping und dann mit dem Fahrrad oder zu Fuß in das zwei Kilometer entfernte Stadtzentrum.

Mariestad

In der »Perle am Vänernsee« kommt keine Hektik auf und der Gast fühlt sich auf Anhieb

Der Campingplatz Ekuddens in Mariestad verfügt über einen Badestrand.

Einen Blick sollte man in den Dom von Mariestad werfen.

Linke Seite: In Mariestad fühlen sich Reisemobilisten und Wassersportler gleichermaßen wohl.

Tour 5

Rund um den Vänernsee wird Landschwirtschaft betrieben.

wohl, dafür sorgt auch die herrliche Lage an der großen geschützten Bucht **Mariestadsjön**. Vorgelagerte Inseln umschließen die Bucht und formen einen See aus ihr. In Mariestad spaziert man durch eine schöne Stadt, die rund 24.000 Bürger beheimatet. 1583 wurde sie durch König Karl IX. gegründet, der ihr den Namen seiner Frau Maria gab. Seit 1660 ist hier der Sitz des Landeshauptmannes und 1895 wurden große Teile der Stadt durch ein wütendes Feuer zerstört. In den letzten Jahren entstanden ein neuer Hafenbereich und schicke Mehrfamilienhäuser. Über die Stadt- und Industriegeschichte kann sich der Interessierte im **Vadsbo-Museum** informieren. Die Ausstellungen befinden sich in den Flügeln des **Schlosses Marieholm**, in dem der Landeshauptmann residiert. Das schöne Schloss wurde zu Beginn des 18. Jahrhunderts auf einer Insel im Fluss Tidan errichtet. Die Silhouette der Stadt bestimmt der Dom, der 1619 im spätgotischen Stil errichtet wurde und über ein sehenswertes Inventar verfügt. In der Altstadt läuft man über altes Kopfsteinpflaster und sollte sich bei den vielen Gelegenheiten, die sich bieten, eine Pause gönnen. Ein schönes Plätzchen bietet sich am Gästehafen.

Südlich von Mariestad gelangt man wieder auf die Europastraße 20, die man nun in südwestliche Richtung weiterfährt. Nach 28 Kilometern passiert man Götene. Eine Abfahrt führt dann zum Kinnekulle. Hiermit ist nicht eine Kommode eines schwedischen Möbelhauses gemeint, sondern ein Berg südlich des Vänernsees. Der Naturforscher Carl von Linné gab dem 306 Meter hohen Berg den

Rund um den Vänernsee

Beinamen »blühender Berg«. Die abwechslungsreiche Landschaft mit einer interessanten Flora kann man am besten zu Fuß erkunden. Rund um den Berg stößt man in Husaby auf eine romanische Kirche aus dem 12. Jahrhundert. Zwischen Husaby und Kinne-Kleva sollte man sich nahe der Straße die Felszeichnungen anschauen. Bis zum **Kinnekullegården** kann man auch mit dem Wohnmobil fahren und von dort aus den Berg Kinnekulle wandern. Eine Attraktion befindet sich auch in Blomberg, hier werden Wikingerschiffe gefertigt und in einem kleinen Wikingerdorf wird die Zeit um 1000 Jahre zurückgedreht. Mit dem 24 Meter langen Wikingerschiff »Sigrid Storråda« kann man auch eine Fahrt unternehmen (www.sigrid-storrada.com). Über die Landstraße fährt man nach Källby und gelangt hier auf die Reichsstraße 44. Nur zehn Kilometer sind es nach Lidköping (Campingplatz).

Lidköping

Die Stadt Lidköping gehört zu den größeren Städten Västergötlands und liegt in der Vänerseebucht Kinneviken. Sie erstreckt sich zu beiden Uferseiten des Flusses Tidan und ist schon seit Jahrhunderten eine wichtige Handels- und Hafenstadt. Im Jahre 1446 erhielt Lidköping die Stadtrechte. Nördlich des Stadtzentrums, am Ufer des Vänernsees haben sich große Industrieanlagen breitgemacht. Zu den bekanntesten Industrieunternehmen zählt die weltbekannte **Porzellanmanufaktur Rörstrand**. Inmitten der Stadt erstreckt sich der große Rathausplatz. Das Bauwerk auf dem Platz lädt zum Rätseln ein, denn das falunrote hölzerne Bauwerk mit einer eigenwilligen Architektur sieht auf den ersten Blick wie ein Gotteshaus und nicht wie ein Rathaus aus. Es war einst ein Jagdschloss und wurde nach dem Brand von 1960 wiederaufgebaut. Rund um das markante Bauwerk findet am Mittwoch und am Samstag der Wochenmarkt statt. Zu den Sehenswürdigkeiten gehört das **Pfarrhaus von Lidköping**. Es ist die Geburtsstätte des Dichters, Komponisten und Philosophen **Gunnar Wennerberg** (1817–1901). Ebenfalls sehenswert ist das **Handwerksmuseum** am Nya Stadens Torg. Auf der anderen Seite des Flusses, die man über die Brücke »Torgbron« erreicht, befindet sich die Altstadt. Aufgrund eines Stadtbrandes im Jahr 1849 ist die Zahl der alten Bauwerke gering. Die **Nicolaikirche** in der Altstadt ist ein sehenswertes Gotteshaus. Zwischen dem Stadtzentrum und dem Campingplatz »Krono Camping« liegen Sportanlagen, ein Einkaufszentrum, das Freibad »Framnäsbadet«, Badeplätze am Vänernsee und das **Vänernmuseum**. In diesem Museum dreht sich alles um das Thema »Wasser« und Schwedens größten Binnensee – mit Ausstellungen u. a. zur Entstehungsgeschichte, Geologie, Fischerei und Schifffahrt.

Nicht versäumen darf man den Besuch des prächtigen **Schlosses Läckö**, das zu den

In Lidköping laden einige Straßencafés zu einer Pause ein.

» SEHENSWERT

Porzellanmanufaktur Rörstrand
Rund 300 Meter nördlich des Rathausplatzes hinter der Bahnlinie lohnt sich ein Besuch in der bekannten Porzellanmanufaktur Rörstrand (seit 1726). Sie ist die zweitälteste Porzellan-Fabrik in Europa und hier werden Geschirr, Vasen, Kannen und vieles andere produziert. Rörstrand ist eine der bedeutendsten Manufakturen in Schweden. An allen Tagen kann man in den Verkaufsräumen einkaufen und erhält u. a. B-Ware zu einem günstigeren Preis. Lohnenswert ist auch ein Besuch im Rörstrand-Museum (www.rorstrand.se).

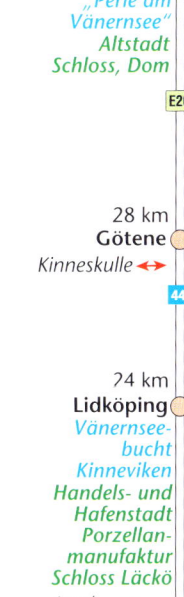

Mariestad
„Perle am Vänernsee"
Altstadt
Schloss, Dom
E20

28 km
Götene
Kinneskulle ↔
44

24 km
Lidköping
Vänerseebucht
Kinneviken
Handels- und Hafenstadt
Porzellanmanufaktur
Schloss Läckö

Insel ↔
Kållandsö
Schloss Läckö
44

Tour 5

Lidköping
*Vänernsee-
bucht
Kinneviken
Handels- und
Hafenstadt
Porzellan-
manufaktur
Schloss Läckö*
Insel ⟷
Kållandsö
Schloss Läckö

44

60 km
Trollhättan
500–550 km Ziel

Das Schloss Läckö auf der Insel Kallandsö ist zweifelsfrei eines der schönsten Schlösser Skandinaviens.

schönsten Schlössern des Landes gehört und in einer reizvollen Umgebung liegt. Aufgrund der reizvollen Lage auf der Insel **Kallandsö**, die in den Vänernsee hereinragt, ist sie ein Muss für jeden Touristen. Auf dem Parkplatz gibt es auch Stellplätze für Wohnmobile und mit »Läckö Camping« empfiehlt sich ein neuer Campingplatz. Hat man erst einmal sein Wohnmobil geparkt, eilt man zum weiß gekalkten Schloss. Das Bauwerk geht zurück auf eine Burg, die bereits im Jahre 1298 errichtet wurde. Nach einem Brand im 15. Jahrhundert wurde das Bauwerk verändert und seitdem ist das Erscheinungsbild gleich geblieben. 1668 wurde das Schloss vollendet. Allmählich verfiel das Schloss und erst zwischen 1925 und 1935 wurde es umfangreich restauriert. Rund um das imposante Bauwerk kann man sich auf die nackten Felsen am See setzen, die Aussicht auf den Ekens-Schärengarten genießen und die Seele baumeln lassen. Aber auch eine Führung lohnt sich. Zu dem sehenswerten Innenleben des Schlosses gehört in erster Linie der Rittersaal, der dem Dreißigjährigen Krieg gewidmet wurde und daran erinnert, dass Schweden einst eine Großmacht war. Im Sommer finden am Schloss zahlreiche Musikveranstaltungen statt (www.lackoslott.se). Ein schöner Spaziergang führt zum kleinen Fischerdorf **Spiken**. Hier kann man Fischspezialitäten des Vänernsees kaufen oder man lässt sich in dem Café Sjöboden ein schmackhaftes Gericht servieren. Alternativ kann man auch mit dem Reisemobil nach Spiken fahren, am Hafen wurde ein Stellplatz eingerichtet. Wer zum Abschluss noch mal in den Vänernsee springen möchte, der sollte die weit in den See ragende **Randmoräne Hindens Rev** (im Südwesten der Halbinsel) besuchen. Der herrliche Sandstrand von **Svalnäsa** trägt hier nicht ohne Grund den Beinamen »Riviera von Schweden«. Erfrischt und vielleicht mit dem Geschmack von geräuchertem Fisch aus dem drittgrößten See Europas geht es dann wieder zur Reichsstraße 44 in westliche Richtung nach Trollhättan, dem Ausgangspunkt der Rundreise um den Vänernsee (Lidköping-Trollhättan 60 km), zurück.

» ADRESSEN

Touristeninformationen
Visit Trollhättan, Åkerssjövägen 10, 46129 Trollhättan, Tel. 0520/48 84 72, www.visittrollhattan.se

Turistbyrå Vänersborg, Järnvägsstationen, 46222 Vänersborg, Tel. 0521/27 14 00, www.vanersborg.se

Karlstads Tyristbyrå, Västra Torggatan 26, 65184 Karlstad, Tel. 054/29 84 00, www.karlstad.se

Mariestads Tyristbyrå, Kyrkogatan 2, 54286 Mariestad, Tel. 05 01/75 58 50, www.mariestad.se

Lidköping Turistbyrå, Bangatan 3, 53132 Lidköping, Tel. 0510/200 20, www.lidkoping.se

Karten/Atlas
Benötigt wird die Kümmerly + Frey Karte 2 »Süd-Schweden (West)«. Sie umfasst Südwestschweden, Küste und die großen Seen Vänernsee und Vätternsee (ISBN 3-259-01262-1; Maßstab 1:250000). Alternativ kann man auch die entsprechenden Atlaskarten (Maßstab 1:300000) im Autoatlas »Norden« benutzen. Den Straßenatlas kann man an den Statoil- oder Shell-Tankstellen in Schweden kaufen.

Campingplätze und Stellplätze
Trollhättan (Trollhättan Camping Hjukvarnelunds und Stenrösets Camping Trollhättan)
Der idyllische Campingplatz »Trollhättan Camping Hjukvarnelunds« liegt rund einen Kilometer nördlich des Stadtzentrums. Er bietet ebene Stellplätze unter großen Kiefern. In der Nähe befindet sich ein Schwimmbad: Tel. 0520/3 06 13, www.trollhattansfp.se.
Stenrösets Camping Trollhättan befindet sich an der E45 rund fünf Kilometer südlich von Trollhättan und ist ganzjährig geöffnet: 0520/7 07 10, www.camping.se/p25

Vänersborg (Ursands Camping)
Der gut ausgestattete Campingplatz liegt drei Kilometer nördlich des Stadtzentrums und bietet einen Sandstrand am Vänernsee. Er verfügt über einen Boots- und Fahrradverleih: Tel. 0521/1 86 66, www.ursandscamping.se

Bengtsfors (Dalsland Camping & Kanotcentral)
Der reizvoll gelegene Campingplatz ist ausgeschildert und liegt rund drei Kilometer westlich von Bengtsfors am Ärtingensee. Er verfügt über ein ebenes Wiesengelände, Badestrand und Sauna. Hier können natürlich Kanus geliehen werden, Tel. 0531/1 00 60, www.dalslandscamping.se.

Åmål (Örnäs Camping)
Der Vier-Sterne-Campingplatz ist ganzjährig geöffnet und liegt rund einen Kilometer südöstlich des Stadtzentrums am Vänernsee. Er ist gut ausgestattet und verfügt über einen Badestrand, Sauna, Minigolf, Bootsvermietung und Angelmöglichkeiten: Tel. 0532/1 70 97, www.ornasfiske.se

Karlstad (Mörudden Resort)
Der Vier-Sterne-Campingplatz liegt auf der vorgelagerten Insel Hammarö, südöstlich der Stadt Skoghall. Er bietet Strände, Fahrrad- und Bootsvermietung: Tel. 054/51 77 11, www.nordiccamping.se

Karlstad
(Bomstad-Baden Camping und Skutbergets Camping) neun Kilometer westlich von Karlstad, am Ufer des Vänernsees liegt Bomstad-Badens Camping (ganzjährig geöffnet) mit 800 Metern Sandstrand. Auf dem sehr gut ausgestatteten Campingplatz kann man Boote und Fahrräder ausleihen. Die Stellplätze befinden sich in einem lichten Nadelwald: Tel. 054/53 50 68, www.bomstadbaden.se
Der große Campingplatz Skutbergets Camping befindet sich 7 Kilometer westlich von Karlstad und bietet als Vier-Sterne-Campingplatz natürlich ein umfangreiches Angebot (u. a. Sauna, Cafeteria, Minigolf). Auch hier kann man sich Fahrräder und Boote ausleihen. Der Platz verfügt über einen Sand- und Klippenstrand am Vänersee: Tel. 054/53 51 20, www.firstcamp.se/skutberget

Kristinehamn (Wohnmobilstellplatz, Kvarndammens Camping und Skymningens Camping)
Am Gästehafen kann man gegen Gebühr auf dem Parkplatz/Stellplatz übernachten: Tel. 0550/1 30 80. Der Campingplatz Kvarndammens Camping liegt rund zwei Kilometer östlich des Stadtzentrums im Stadtteil Kvarnbyn, am Fluss Vassgårdaälven: Tel. 0550/8 81 95, www.kvarndammenscamping.com. Am Ufer des Vänernsees, südwestlich von Kristinehamn befindet sich der kleine Campingplatz Skymningens Camping: Tel. 0550/1 02 80, www.camping.se/s50

Mariestad (Ekuddens Camping)
Am Vänernsee, rund zwei Kilometer nordwestlich des Stadtzentrums Mariestads, liegt der gut ausgestattete Campingplatz. Hier steht man in einem naturbelassenen Gelände unter Bäumen und erfreut sich an dem benachbarten Badestrand: Tel. 0501/1 06 37, www.ekuddenscamping.se

Lidköping (Lidköping Swecamp Kronocamping)
Ganzjährig geöffnet, gehört er zu den besten in Schweden und liegt rund zwei Kilometer westlich des Stadtzentrums. Die Ausstattung lässt keine Wünsche offen und ein Strandbad lädt zum Baden im See ein. Angler können ein Boot mieten und auch Fahrräder können ausgeliehen werden: Tel. 0510/2 68 04, www.kronocamping.com

Kallandsö (Läcko Camping und Stellplatz)
Im Norden der Insel Kallandsö, unweit des prächtigen Schlosses Läcko, befindet sich der neue Campingplatz: Tel. 0510/48 46 68, www.lackoslott.se
In der Nähe des Schlosses Läckö, kann man auch gegen Gebühr auf dem Schlossparkplatz übernachten. Ein weiterer Stellplatz befindet sich im benachbarten Fischerdorf Spiken.

6 QUER DURCH SÜD- UND MITTELSCHWEDEN

Entdeckungsreise vom idyllischen Bolmensee zum beliebten Siljansee

Start- und Endpunkt: Bolmensee und Siljansee
Beste Jahreszeit: Ende Mai bis Mitte September
Streckenlänge: 650 km
Strecken: E4, RV 50, E20, RV60, RV70
Fahrzeit: 10 – 14 Tage (ohne An- und Abreise)

Auf der Route von der südschwedischen Landschaft Småland bis ins mittelschwedische Dalarna kommt man in den Genuss von unendlich großen Waldgebieten, klaren Seen und wildromantischen Flüssen. Zwischen landschaftliche Highlights mischen sich sehenswerte Städte wie Jönköping, Vadstena und Örebro. Die Tour endet dann am großen Siljansee, an dem trotz schier endloser Tage durch viele Veranstaltungen keine Langeweile aufkommt.

Quer durch Süd- und Mittelschweden

Die Reise beginnt in der südschwedischen Landschaft **Småland**, einer wald- und seenreichen Region die im Rahmen der TOUR 2 ausführlich vorgestellt wird. Ausgangspunkt dieser Reise ist der **Bolmensee**, der größte See in Småland. Gleich mehrere Campingplätze haben eine reizvolle Lage am Ufer des idyllischen Sees und einer befindet sich auf der Insel **Bolmsö**, die man über eine Brücke erreicht. Der schöne See mit seiner natürlichen Ufervegetation und den vielen Inseln ist ein lohnendes Ziel für Paddler und Angler und so sollte man sich beim Campingplatzbetreiber ein Kanu oder ein Ruderboot mieten und das herrliche Gewässer auf eigene Faust entdecken. Wer seine Kräfte schonen möchte, kann in **Bolmstad** ein Ausflugsschiff betreten. Angler können hier mit dem Fang von Hecht, Zander und Barsch rechnen. Am Westufer lohnt sich der Besuch des Freilichtmuseums in dem malerischen Hafenort Odensjö (www.bolmensweden.com). Vom östlichen Ufer ist das kleine Städtchen Ljungby rund zehn Kilometer entfernt.

Ljungby

Das nette Städtchen **Ljungby** gehört aufgrund einiger Museen zu den besonderen Orten des Landes. 2004 wurde das einzige **Bestattungsmuseum** in Skandinavien eröffnet. Ein Muss ist das Kunstmuseum »**Ljungberg-Museum**« mit Werken von Sven Ljungberg. In dem hellen und modernen Museumsbau leuchten die farbenfrohen Gemälde. Sehenswert ist auch das **Heimatmuseum** am Gamla Torg. Ein weiteres Museum ist das »**Sagomuseet**«, das sich dem Thema Märchen und Sagen widmet.

Über die Europastraße 4 verlässt man in nördliche Richtung den Ort Ljungby. Nach elf Kilometern kann man sich in **Lagan** das **Automobilmuseum »Laganland Bilmuseum«** anschauen oder schon zu Beginn der Reise im großen Souvenirgeschäft »Laganland Swedenshop« das passende Mitbringsel kaufen. Nachdem man den Elch in unzähligen Variationen als Souvenir gesehen hat, sollte man sich den »König der Wälder« in natura anschauen. Hierzu lädt das »**Elchland-Lagan-**

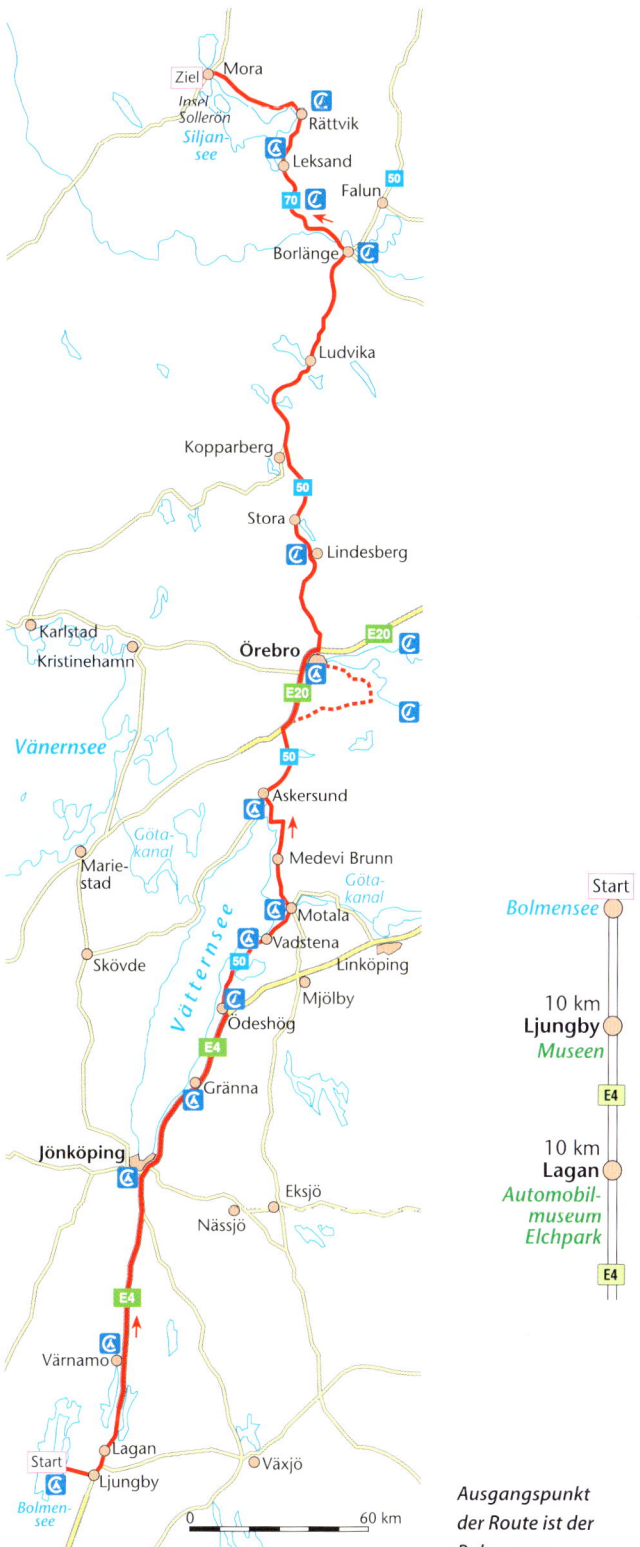

Ausgangspunkt der Route ist der Bolmensee.

In Schweden sind amerikanische Straßenkreuzer ebenso beliebt wie die kurze Pause im Straßencafé.

land« ein. Ein früher Besuch lohnt sich, denn um 10.00 Uhr ist Elchfütterung.

Ob mit dem Elch auf der Speicherkarte, als Plüschtier auf dem Armaturenbrett oder als Aufkleber am Heck des Wohnmobils, es geht weiter über die gut ausgebaute und teils zweispurige E4 Richtung Norden. Nach 30 Kilometern erreicht man **Värnamo** (Campingplatz), den Heimatort des Möbeldesigners Bruno Mathsson, über dessen Möbel man sich in dem »Bruno Mathsson Center« informieren kann. Nordwestlich von Värnamo lohnt sich eine Wanderung in dem **Nationalpark Store Mosse**, der 1982 eingerichtet wurde. Hierbei kann man das größte Moorgebiet südlich von Lappland entdecken, 40 Kilometer Wanderwege, einige Vogelbeobachtungstürme und das Informationszentrum Naturum gehören zur Infrastruktur. Über die Straße 151 erreicht man einen Parkplatz, von dem ein rund 20minütiger Spaziergang zum hölzernen Aussichtsturm am See **Kävsjön** führt.

Von **Värnamo** geht es weiter gen Norden über die E4 und nach wenigen Kilometern passiert man einen Rastplatz und bei mäßigen Verkehrsaufkommen trifft man nach 72 Kilometern in **Jönköping** ein. Die Route führt durch Kiefern- und Fichtenwälder und vereinzelt an großen Getreidefeldern und Weiden vorbei. Entlang der Straße schützen hohe Zäune vor Wildwechsel.

Am Gamla Torg in Ljungby stehen die ältesten Häuser der Stadt.

Quer durch Süd- und Mittelschweden

Jönköping

Mit rund 120.000 Einwohnern gehört Jönköping (sprich: Jöntchöping) zu den großen Städten im Land. Wer sich in der Altstadt auf einer Bank niedergelassen hat und dem stressfreien Treiben zusieht, hat nicht das Gefühl in einer Großstadt zu sein. Jönköping liegt am südlichen Ufer des großen Vätternsees. Die Stadt spielt eine große Rolle für die Binnenschifffahrt und ist ein Mittelpunkt des Flug- und Eisenbahnnetzes. So mauserte sich Jönköping zu einer wichtigen Industrie- und Handelsstadt und ist heute ein bedeutendes Zentrum der Land- und Forstwirtschaft. Ein besonderes kleines Produkt ist das **Zündholz**, das in kleinen Schachteln weltweit exportiert wird. Die Gebrüder Lundström zeichneten sich für diese zündende Idee verantwortlich. So trägt Jönköping auch den Namen »**Streichholzstadt**« und natürlich kann sich der Stadtbesucher auch darüber in dem **Streichholzmuseum** (Tändsticksmuseum) informieren. Es ist in der Streichholzfabrik von 1858 untergebracht.

Die Anfänge der Stadt gehen auf das Jahr 1283 zurück. Es entstand am Südufer des Vätternsees ein Franziskanerkloster und um dieses Kloster entwickelte sich eine Siedlung, die bereits 1284 die Stadtrechte erhielt. Kämpfe zwischen Dänen und Schweden sowie Stadtbrände sorgten in den folgenden Jahrhunderten immer wieder für Zerstörungen. Im 17. Jahrhundert mussten große Teile der Stadt wiederaufgebaut werden. Für den barocken Baustil ist der Architekt Erik Dahlberg verantwortlich, der auch gleichzeitig der Gouverneur der Stadt war. Zerstörungen im Jahre 1835 erforderten erneut umfangreiche Aufbaumaßnahmen. Leider verfügt Jönköping nur über wenige mittelalterliche Bauwerke und selbst im Jahr 2001 fielen einige alte Holzhäuser einem Feuer zum Opfer. Zu den Sehenswürdigkeiten der Stadt gehören einige alte Häuser aus dem 18. und 19. Jahrhundert in der Storgatan. In dem **Freimaurerhaus** wurde 1809 ein bis heute andauernder Frieden zwischen Dänemark und Schweden geschlossen. Das Berufungsgericht wurde 1650 errichtet und das alte **Rathaus** stammt aus dem Jahr 1699. Zu den erwähnenswerten Gebäuden gehört die **Kristine-Kirche**, die 1673 eingeweiht wurde. Eine andere Kirche (1960) mit einer sehr modernen Architektur befindet sich im Stadtviertel **Österängen**. Ein moderneres Bauwerk stellt das **Provinzmuseum** (Länsmuseum) aus den 1950er-Jahren dar. Neben historischen, archäologischen und technischen Sammlungen sowie Ausstellungen zur Eisenverarbeitung widmet sich das Museum dem aus Jönköping stammenden

In Jönköping legen auch Ausflugsschiffe ab.

Lagan
*Automobilmuseum
Elchpark*

E4

30 km
Värnamo
Bruno Mathsson Center

E4

72 km
Jönköping
*Vätternsee
Streichholz-
Freilicht-,
Radio-, und
Vogelmuseum
Fabrik-
museum
Husqvarna*

E4

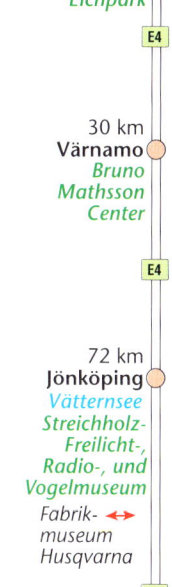

Das prächtige Rathaus wurde 1699 errichtet.

Jönköping liegt am südlichen Ende des langen Vätternsees und natürlich spielt auch hier der Wassersport eine große Rolle.

Maler und Illustrator John Bauer. Ihm ist mit der »John Bauer Märchenwelt« ein eigenes Museum gewidmet. Ein weiterer berühmter Sohn der Stadt ist Dag Hammarskjöld, der von 1953 bis 1961 als UN-Generalsekretär tätig war. Im Stadtpark befindet sich das **Freilichtmuseum** mit zahlreichen alten Gebäuden aus der Gegend. Schließlich locken noch das **Radiomuseum** und das **Vogelmuseum** im Stadtpark. In dem alten Gebäude von 1914 können rund 1.500 Vögel (340 Arten) bestaunt werden. Statt dem Vogelgezwitscher kann man auch den Wellen des Vätternsees lauschen, am besten am schönen Strandbad.

Über die vertraute E4 geht es weiter. Wenige Kilometer östlich von Jönköping befindet sich der Ort Huskvarna, in dem sich Freunde der Technik mal umsehen sollten. Das **Fabrikmuseum Husqvarna** informiert über die begeisternde Geschichte und hier werden zahlreiche historische Produkte wie Motorräder, Nähmaschinen und Waffen gezeigt. Die weitere Route führt immer an dem langen Vätternsee entlang. Zunächst erreicht man einen Rastplatz, der einen Ausblick auf den zweitgrößten See des Landes bietet (Infos zum Vätternsee siehe auch TOUR 4). Reizvolle Ausblicke auf den lang gezogenen See hat man auch im

Quer durch Süd- und Mittelschweden

mobilist die E4 und fährt über die Reichsstraße 50 zur 47 Kilometer entfernten Stadt Vadstena. Hierbei passiert man auf der linken Seite das Örtchen Hästholmen mit den Felszeichnungen aus der Bronzezeit und wenige Kilometer später die gut erhaltene **Klosterruine Alvastra** aus dem frühen Mittelalter. Das Kloster wurde von Zisterziensermönchen aus Frankreich bereits 1143 gegründet und war das erste Zisterzienserkloster in Skandinavien. Dann folgt der sagenumwobene **Omberg**, der Berg der Blumen. Aus einer Höhe von 264 Metern hat man einen grandiosen Ausblick auf den Vätternsee. Östlich der Route befindet sich der See Tåkern (Naturschutzgebiet), der bei Ornithologen hoch im Kurs steht. So finden sich rund um den See Beobachtungsstationen, von denen man einige der insgesamt 270 verschiedenen Vogelarten beobachten kann. Wenige Kilometer südlich des Sees kann bei der Kirche von Rök, der **Runenstein »Röksten«** mit seinen 80 Zeichen bestaunt werden. In Vadstena angekommen kann man im Stadtzentrum, am Schloss oder an der Glasbläserei parken und sollte dann mit dem lohnenswerten Stadtrundgang beginnen oder direkt beim drei Kilometer entfernten Campingplatz »Vadstena Camping« einchecken.

Vadstena

Die prächtige Stadt Vadstena liegt an einer großen Bucht am Vätternsee. Einzigartiges mittelalterliches Flair fängt den Besucher in der schmucken Altstadt ein, dieser genießt es an der Strandpromenade zu spazieren, begutachtet das imposante Renaissanceschloss und schaut interessiert zu, wie Ausflugsschiffe und Wassersportler im engen Gästehafen am Schloss festmachen. Die Hauptattraktion des rund 8.000 Einwohner zählenden Städtchens sind die **Klosteranlagen**. Ein kurzer Blick auf die Geschichte: Am Hofe von König Magnus Eriksson diente Birgitta Birgersdotter (1303 – 1373), die auch entfernt mit dem Herrschergeschlecht verwandt war. In ihren Eingebungen erhielt sie den christlichen Auftrag ein Kloster zu gründen. Von nun ab widmete sie sich ausschließlich der Umsetzung und holte sich auch beim Papst das Einverständnis zur

weiteren Verlauf. Später blickt man auf die Insel Visingsö, die von Gränna mit der Fähre angesteuert wird. In Gränna steht auch einer der wenigen Wohnmobil-Stellplätze in Schweden bereit. Wenige Kilometer nach dem Ort Gränna sollte man auf dem großen Rastplatz Brahehus eine Pause machen. Hier steht auch die Burgruine »Brahehus«. Über die E4 verlässt man nach wenigen Fahrminuten die Provinz Jönköping und dementsprechend auch die Landschaft Småland und ist nun in Östergötland unterwegs. Zügig sollte man nun die attraktive Stadt Vadstena ansteuern. In dem Ort Ödeshög (Campingplatz) verlässt der Reise-

125

Tour 6

Das Bild der Heiligen Birgitta ist sogar auf Gulli-Deckeln zu finden.

Vadstena
Vätternsee
Schloss
Klosteranlagen

50

17 km
Motala
Göta-Kanal

50

16 km
Medivi Brunn
Kurort

50

Das Schloss von Vadstena ist von einem breiten Wassergraben umgeben.

Klostergründung. Allerdings erlebte sie die Gründung des Klosters in Vadstena im Jahr 1384 nicht mehr, denn sie starb Jahre zuvor in Rom. Ihre Überreste wurden ins Kloster nach Vadstena überführt und bereits 1391 wurde sie heiliggesprochen. So wurde aus Vadstena ein bedeutender Wallfahrtsort. 1595 musste das Kloster wieder geschlossen werden, jedoch besteht ein Nachfolgekloster. Nördlich der Altstadt, am Ufer des Vätternsees befinden sich die alten Klosteranlagen. Der **Bjölbopalast** wurde der Heiligen Birgitta überlassen, damit hier die Nonnen leben konnten. Heute verweilen in einem der ältesten Profanbauten Schwedens die Urlauber, denn es wurde zu einem Hotel und Klostermuseum umgebaut. Nebenan befindet sich in dem alten Mönchkloster ein Restaurant. Die Kräuter für die schmackhaften Gerichte kommen frisch aus dem benachbarten Kräutergarten. Einen Blick sollte man auf jeden Fall in die Klosterkirche werfen. Sie wurde nach den Vorgaben der Birgitta errichtet und 1430 geweiht. Im Inneren sieht man neben einigen Skulpturen, die die Heilige Birgitta zeigen, auch den Reliquienschrein. Vor den historischen Klosteranlagen beginnt die Strandpromenade. Hier schlendert man am Vätternsee entlang, erblickt am Horizont einige Segelboote und erreicht einen kleinen Park. Durch die Bäume entdeckt man das imposante **Vasa Schloss**. Hinter dem Schloss sind in alten Speicherhäusern nun die Verkaufsräume einiger Kunsthandwerker untergebracht und nebenan befindet sich ein

Quer durch Süd- und Mittelschweden

kleines Spielzeugmuseum. Hier liegen auch die alten Gleise des nostalgischen Schmalspurzuges, der in den Sommermonaten schnaufend die Strecke bis zum zehn Kilometer entfernten Fågelsta bewältigen muss. Vom Schloss sind es nur wenige Schritte in die malerische Altstadt. Am kleinen Platz »Rådhustorget« steht das weiß gekalkte Rathaus und am Marktplatz, dem Stora Torget, stehen prächtige Kaufmannshäuser. Über ein altes Pflaster geht man durch die Storgatan, die »Haupteinkaufsstraße« des Ortes mit einer Vielzahl von netten Läden.

Zufrieden darüber, eine derart schöne Stadt kennengelernt zu haben, verlässt man Vadstena über die Reichsstraße 50. Nach 17 Kilometern erreicht man das historisch bedeutsame Industriestädtchen Motala an dem legendären Göta-Kanal.
Hier kreuzt man die TOUR 4! Weitere Informationen über den Göta-Kanal und Motala sowie über die herrliche Badebucht mit den langem Badestrand Varamobaden bitte dort nachlesen! Vielleicht ergibt sich bei ausreichender Zeit die Möglichkeit zu einem Abstecher nach Berg zu den sehenswerten Schleusen.

Motala verlässt der Wohnmobilreisende über die Fernstraße 50, wie bisher in nördliche Richtung. Nach 16 Kilometern fährt man durch Medevi Brunn, dem ältesten Kurort des Landes (seit 1678). Direkt nach dem Kurort verlässt man die Provinz Östergötland und ist in der Provinz Örebro unterwegs. Sie ist ein Teil der mittelschwedischen Landschaft Närke, eine der kleinsten Landschaften des Landes.

Närke wird zu den sogenannten Mälarlandschaften gezählt, die sich rund um den großen Mälarsee erstrecken. Sie ist eine Art Grenzlandschaft zwischen den historisch ge-

» SEHENSWERT

Das trutzige **Schloss von Vadstena** ist von einem breiten, schützenden Wassergraben umgeben. Hier haben die Wassersportler festgemacht, sitzen in ihrer Plicht und speisen oder gönnen sich einen guten Wein oder Bier. Vor der Kulisse der mächtigen Schlossmauern ein einzigartiges Bild, das diesem protzigen Bauwerk eine Spur von Leichtigkeit verleiht. König Gustav Vasa ließ 1545 das Bauwerk zunächst als Festung errichten. Dem Bau musste ein Stadtviertel weichen. Um den Verteidigungscharakter zu unterstreichen, umgab eine große Wallanlage den Graben. Später wurde das Schloss mit seinen wuchtigen Ecktürmen zu einem Residenzschloss umfunktioniert und beherbergte bis in das 18. Jahrhundert hinein die Könige. Über zwei Brücken gelangt man zum Schloss und den großen Innenhof, in dem im Sommer Musikveranstaltungen stattfinden. In den Räumen des Schlosses ist die Touristeninformation und ein Museum untergebracht. Das Touristenbüro sollte man nicht nur wegen des benötigten Informationsmaterials besuchen, sondern wegen der mittelalterlichen Straße, die Archäologen freilegten. Im Museum können die Gemächer besichtigt werden. Staunend steht man vor schönen Wandmalereien, zahlreichen Gemälden und erfreut sich an den Wechselausstellungen (www.vadstenaslott.se).

Das imposante Schloss von Vadstena.

Tour 6

Askersund ist eine freundliche Kleinstadt.

wachsenen Landschaften Götaland im Süden und Svealand im Norden. Geografisch gesehen liegt der größte Teil der Landschaft auf einer Tieflandebene, nur wenige Meter über dem Meeresspiegel. In den erdgeschichtlichen Warmzeiten war das Gebiet überflutet und konnte erst nach der Landhebung (Isostasie) und dem Rückzug der Wassermassen besiedelt werden. Vor rund 5.000 Jahren ließen sich hier die ersten Menschen nieder. Sie fanden jedoch erschwerte Bedingungen vor, denn der sumpfige Boden konnte weder land- noch forstwirtschaftlich genutzt werden.

Von der Provinzgrenze sind es rund 30 Kilometer bis zum Städtchen Askersund (Campingplatz und Stellplatz am Hafen). Rund fünf Kilometer südlich lohnt sich die Besichtigung des ansehnlichen Schlosses Stjärnsunds Slott, das zwischen 1798 und 1803 im klassizistischen Stil erbaut wurde. Darüber hinaus verfügt Askersund über eine freundliche Altstadt und einen lebendigen Hafen. Am Ufer führt eine schöne Promenade entlang und über einen langen Hafensteg erreicht man die »Bürgermeisterinsel«, die mit einem schönen Sandstrand aufwartet.

Der Reisemobilist bleibt auf der Provinzstraße 50 und steuert die Provinzhauptstadt Örebro an. Die Strecke führt durch ein waldreiches Gebiet, durch den Ort Åsbro und folgend vorbei an einem Aussichtspunkt, bis man auf die Autobahn E20 stößt. Nun sind es noch rund 30 Kilometer bis Örebro. Krimifans

» AUSFLUG

Hjälmarsee
Ein lohnenswertes Ausflugsziel ist der Hjälmarensee, der viertgrößte See Schwedens. Er ist ähnlich groß wie der Bodensee. Allerdings misst er an seiner tiefsten Stelle nur 18 Meter. Östlich grenzt an den See die Landschaft Södermanland und westlich Närke. Im Westen befindet sich der Hjälmarkanal, der den See mit dem Mälarensee verbindet. Der Hjälmarsee ist sehr fischreich und zahlreiche Vogelarten haben hier ihre Brutstätten. Die Oberfläche des Sees liegt rund 30 Meter über dem Meeresspiegel und vor mehr als 100 Jahren wurde eine Wasserregulierung durchgeführt. Hierdurch wurde der Wasserspiegel um 1,8 Meter gesenkt, was ähnlich wie bei den niederländischen Polderprojekten einen enormen Landgewinn zur Folge hatte. Beachtliche 187 Quadratkilometer wurden gewonnen und ein Schutz gegen drohende Überschwemmungen geschaffen. Durch das Absinken des Wasserspiegels wurde auch aus der ehemaligen Insel Göksholm eine Halbinsel. Rund um den See stößt der Reisemobilist auf reizvolle Bademöglichkeiten und einladende Campingplätze (Läppe, Alberga, Ekeberg, Fiskeboda). Natürlich bieten sich zahlreiche Wassersportaktivitäten an und es lohnt sich auch die Angel auszuwerfen. Petri Heil!

Quer durch Süd- und Mittelschweden

sollten sich in dem Örtchen Kumla mal umsehen, denn hier stößt man auf die Schauplätze des bekannten Romans »**Und Piccadilly Circus liegt nicht in Kumla**« von Håkan Nesser. Nördlich von Åbytorp kann man auf dem Rastplatz noch eine Pause einlegen, und sich überlegen, ob man zunächst durch Kumla, dann über die Reichsstraße 51 und später über die 52 zum Hjälmarensee fährt oder weiter über die Autobahn E20 direkt Örebro ansteuert. Örebro verfügt über einen Campingplatz (Gustavsvik), der rund zwei Kilometer südwestlich der Altstadt liegt.

Örebro

Mit 128.000 Bürgern ist Örebro immerhin die siebtgrößte Stadt des Landes. Beim Stadtrundgang entlang des Flusses Svartån, der sich durch das Stadtgebiet schlängelt, fängt man eher provinzielles statt großstädtisches Flair ein. Mit ihren zahlreichen Sehenswürdigkeiten und der schönen Lage westlich des großen Hjälmarsees ist die Residenz- und Industriestadt ein lohnenswertes Ziel. Ihre Geschichte lässt sich rund 700 Jahre zurückverfolgen. Erzgewinnung und Eisenverarbeitung begünstigte die Blütezeit, die bis in das 17. Jahrhundert anhielt. 1654 wurde die Stadt nach einem einheitlichen Plan erneuert und durch einen verheerenden Stadtbrand im Jahre 1854 wurden große Teile der Stadt zerstört. Nach dem erforderlichen Wiederaufbau hat sich das Stadtbild bis zur Gegenwart kaum verändert. Heute präsentiert sich Örebro als freundliche Stadt und sie ist ein wichtiger Sitz für die Verwaltung und Ausbildung. Wer die Stadt besucht, muss eine lange Liste mit interessanten Punkten abarbeiten: das **Renaissanceschloss**, die **Nikolaikirche**, das **neugotische Rathaus**, das **Provinzmuseum**, den **Stortorget**, den **Wasserturm »Pilz«** und das **Freilichtmuseum Wadköping**.

Das prächtige Schloss thront auf der Insel Slottsholmen inmitten des Flusses Svartån. Es wurde gegen Ende des 16. Jahrhunderts errichtet und trotz mehrmaliger Restaurierung blieb das Erscheinungsbild unverändert. Im Laufe der Jahrhunderte tagte hier auch der Reichstag. Heute ist es die Residenz des Regierungspräsidenten von Örebro Län. Bei einer Führung kann auch der Reichssaal, in dem Napoleons Marschall Jean Baptiste Bernadotte im Jahre 1810 zum König von Schweden gewählt wurde, besichtigt werden. Ein weiteres schönes Bauwerk ist die **Nikolaikirche** (Sankt Nicolai Kyrkan), die sich im

Das imposanteste Bauwerk in Örebro ist das Schloss.

Stadtzentrum direkt an dem großen Platz »Stortorget« befindet. Erbaut wurde sie im 13. und 14. Jahrhundert. Sie beherbergt das Grab des schwedischen Volkshelden Engelbrekt Engelbrektsson (1400 bis 1436), der Anfang des 15. Jahrhunderts zum Vertreter des unzufriedenen Volkes wurde und 1434 den Bauernaufstand führte. Die Kirche steht am langen Stortorget dem Hauptplatz der Stadt. Er ist einer der größten Plätze Schwedens. Hier schlägt das Herz der Stadt und ein Standbild erinnert an den Volkshelden Engelbrekt. Am Platz steht auch das neugotische Rathaus und mit »Gallerian Kompassen« ein großes Einkaufszentrum. Wer das Shopping noch herauszögern kann, sollte sich im informativen **Provinzmuseum** umsehen. Es zeigt Sammlungen aus der Vorgeschichte der Stadt und der Umgebung und beherbergt auch ein **Kunstmuseum**, vorwiegend mit schwedischer Malerei aus dem 19. Jahrhundert bis zur Gegenwart. Wie ein großes Kunstwerk wirkt der **Wasserturm** »**Svampen**« (Pilz), der den höchsten Punkt der Stadt markiert und durch seine eigenwillige Architektur ins Auge fällt. Auf dem Wasserturm befindet sich in 50 Meter Höhe ein Aussichtsrestaurant mit herrlichem Blick über die Stadt, den Hjälmarensee und die Waldlandschaft Närkes. Abschließend sollte man das **Freilichtmuseum Wadköping** besuchen. Es liegt nur einen Kilometer östlich vom Schloss neben dem Stadtpark am Fluss. Hier wurden alte, vom Abriss bedrohte Holzhäuser wieder aufgebaut. In den schmucken Häusern kann man u. a. den Kunsthandwerkern bei der Arbeit zusehen.

Die sehenswerte Stadt Örebro verlässt man wieder über die Reichsstraße 50 und weiter

> » **TIPP**
>
> In Örebro ist man prima mit dem Fahrrad unterwegs. Eine schöne Strecke führt am Fluss Svartån vorbei. Vom Campingplatz Gustavsvik ist man mit dem Fahrrad schnell in der Altstadt. Vor dem Rathaus befindet sich sogar eine »Aufpumpstation« für Fahrräder!

geht es in nördliche Richtung. In den Sommermonaten kann man an jedem Abend feststellen, dass aufgrund des späteren Sonnenuntergangs die Tage länger werden. Hat man erst einmal mit dem landschaftlich reizvollen Siljansee das Ziel erreicht, wird man Ende Juni und Anfang Juli nur wenige Stunden Dunkelheit erleben. Durch Wälder und vorbei an Feldern und Wiesen passiert man nach rund 40 Kilometern den Ort Lindesberg (Einkaufsmöglichkeiten, Tanken, Campingplätze). Wenige Kilometer nördlich teilt sich die Straße. Man bleibt auf der Reichsstraße 50, erreicht den Ort Stora am See Råsvalen und fährt rund eine halbe Stunde später am Ort Kopparberg mit der schindelbedeckten Holzkirche »Ljunsnabergskirche« vorbei. Unterhalb der Kirche stehen beachtliche Holzhäuser und im historischen »Tinghuset« gibt die Touristeninfo gerne Auskunft. Der Streckenabschnitt von Kopparberg nach Ludvika führt weiterhin über die Reichsstraße 60 und bringt den Wohnmobilreisenden durch eine hügelige

Das große Standbild auf dem Platz »Stortorget« erinnert an den Volkshelden Engelbrekt Engelbrektsson.

Quer durch Süd- und Mittelschweden

Landschaft mit Kiefern- und Fichtenwäldern. Das geringe Verkehrsaufkommen und die wenigen Orte vermitteln das Gefühl weit im Norden zu sein. Auf halber Strecke verlässt man die Provinz Örebro und ist nun Gast in der Provinz Dalarna (Landschaft Dalarna). Dass Dalarna nur gering besiedelt ist, kann man unschwer erkennen und immer wieder stellt sich das Gefühl von Ursprünglichkeit und Wildnis ein. Ludvika war einst eine bedeutende Bergbaustadt und wird heute von der Elektroindustrie beherrscht. Sehenswert sind ein **Bergmannshof** aus dem 16. Jahrhundert und ein **Grubenmuseum**.

Das Gefühl von Wildnis stellt sich auch auf dem folgenden 45 Kilometer langen Streckenabschnitt zwischen Ludvika und Borlänge ein: Dichte Wälder, vereinzelt Seen und nur gelegentlich sind Siedlungen entstanden. Erst in Borlänge wendet sich das Blatt, ein Grund das Industriestädtchen mal unter die Lupe zu nehmen.

Borlänge

Sie ist die jüngste und größte Stadt der Landschaft Dalarna und beheimatet rund 50.000 Bürger. Vor mehr als 100 Jahren war Borlänge ein Dorf. Erst durch den Eisenbahnanschluss konnte sich der Ort zu einem wichtigen Industriestandort entwickeln. In der Nachkriegszeit wurden die Eisen-, Stahl- und Walzwerke und eine Papiermühle zu den wichtigen Arbeitgebern der Stadt. Borlänge gehört zu den modernen industrialisierten Städten Schwedens, und so verfügt die Stadt über Hochhausbauten, die direkt neben alten roten Holzhäusern stehen. Sehenswert sind das **Geologische Museum**, das **Zukunftsmuseum** (Framtidsmuseet) und das **Heimatmuseum** mit einigen alten Gebäuden aus der Region. Lohnenswert ist auch der Besuch des **Kirchspiels Stora Tuna** (rund vier Kilometer südlich) und die Fahrt zum **Gutshof Ornäs** (zwischen Falun und Borlänge). Hier stößt man auf zahlreiche Holzhäuser, die überwiegend aus dem 14. Jahrhundert stammen.

Das Industriestädtchen verlässt der Reisemobilist über die Fernstraße 70, die an dem wildromantischen Fluss Dalälven entlang führt. In Sifferbo passiert man den Campingplatz »Sifferbo Camping« und nur wenige Kilometer später fährt man entlang des mäandrierenden Flusses Österdalselva, der bei Leksand in den Siljansee mündet. Mit Leksand trifft man auf ein nettes Städtchen (Campingplatz).

Leksand

Leksand ist ein idyllisches Örtchen an der lang gezogenen **Bucht Österviken** am Siljansee. Im Land ist sie bekannt durch ihr großes rundes Knäckebrot, das in der Mitte ein Loch hat. In dem Örtchen stehen schmucke Häuser und es lohnt sich einen Blick in die schöne Kir-

Örebro
Residenz- und Industriestadt Schloss Museen Hjälmarsee

`50`

40 km
Lindesberg

`50`

15 km
Stora
Rasvalensee

`50`

20 km
Kopparberg

`50`

41 km
Ludvika
Bergmannshof Grubenmuseum

`50`

45 km
Borlänge
Industriestädtchen Museen

`70`

45 km
Leksand
idyllischer Ort
Västanvik ↔
Handwerkerdorf
5 km

Siljansnäs ↔
„Naturum"

In Leksand lockt die schöne Sommervilla Hildasholm.

Quer durch Süd- und Mittelschweden

che (1300) zu werfen. Sehenswert ist auch die prächtige **Sommervilla Hildasholm**, mit exklusiver englischer Einrichtung und englischem Garten. Die Villa war ein »bescheidenes« Geschenk des Schriftstellers Axel Munthe an seine Frau Hilda Penningby. Nebenan befindet sich ein kleiner botanischer Garten. Im Sommer erfreuen sich die Schweden im **Freilichttheater** an der Aufführung »Himlaspelet«.

Lohnenswert ist auch ein kleiner Ausflug zum rund fünf Kilometer westlich liegenden Örtchen **Västanvik** mit einem Handwerkerdorf. Nach wenigen Kilometern erreicht man den Ort **Siljansnäs**. Eine Straße führt dann hinauf auf den Berg **Björkberget** (großer Parkplatz). Dort informiert das Infozentrum »**Naturum**« über die Flora und Fauna rund um den Siljansee und vom Holzturm hat man einen grandiosen Ausblick über den See und die waldreiche Umgebung (www.naturumdalarna.de).

Über die Fernstraße 70 sind es rund 20 Kilometer bis zum nächsten Städtchen am **Siljansee**. Eine Strecke mit herrlichen Ausblicken auf den See verläuft parallel zur Reichsstraße 70. In **Rättvik** kann man dank eines gut gelegenen Campingplatzes mehrere Urlaubstage einplanen und auf angenehmste Weise ausspannen.

Rättvik

In kaum einem anderen Ort Schwedens stößt man auf so viele Stereotypen wie in **Rättvik**. Hier wird in bester Stimmung Mittsommer gefeiert. Viele Folkloreveranstaltungen, ein großes Spielmannstreffen und das Kirchbootrennen sorgen für ein buntes Treiben. Wesentlich ruhiger geht es in dem schönen **Freilichtmuseum** zu. Hier stehen alte Hofgebäude mit einem alten Inventar und vermitteln auf eine sehr anschauliche Weise den Alltag vor Jahrhunderten.

Linke Seite: Der große Siljansee ist das Ziel der Route.

Leksand
20 km
Rättvik
Freilichtmuseum
Siljansee
Insel Sollerön
38 km
Vasa-Lauf
Mora
650 km Ziel

Am Siljansee ist der Badespaß garantiert.

» SPECIAL

Siljansee

Der Siljansee ist der schwedische Vorzeigesee: ein großer klarer See umgeben von einer blauen Bergkulisse und herrlichen Wäldern. Nette Städtchen und schöne Campingplätze sorgen für einen unbeschwerten Urlaub. Veranstaltungen, bei denen schwedische Volksmusik gespielt und in Trachten getanzt wird, machen die Idylle perfekt. Ein I-Tüpfelchen ist dann im Sommer die sonntägliche Fahrt mit dem Ruderboot zur Kirche. Verantwortlich für die reizvolle Landschaft war wahrscheinlich ein Meteoriteneinschlag. Es entstand ein See, so groß wie der Bodensee doch mit einem weitaus geringeren Ansturm.

Im nördlichen Teil des Sees befindet sich die Insel Sollerön. Sie war ein Zentrum der Wikinger. Auf der Insel befindet sich ein großes Gräberfeld mit 123 Gräbern, das aus der Zeit von 900 und 1000 n. Chr. stammt. Einige Kilometer westlich der Insel, auf dem Festland, steht der 514 Meter hohe Berg Gesundaberget, dessen Spitze man über einen Wanderweg oder mit einem Sessellift erreichen kann. Der Ausblick ist dann grandios. Am nördlichen Ende des Sees liegt der kleine Ort **Nusnäs**, in dem man den Kunsthandwerkern bei der Anfertigung der weltberühmten Dalarna-Pferdchen zusehen kann. Sie gelten als Symbol für Dalarna und sind ein beliebtes Mitbringsel. Nur wenige Kilometer nördlich befindet sich der Ort **Mora**, den Anfang März mehr als 15.000 Skilangläufer ansteuern. Dann nehmen sie an einem der härtesten Skilangläufe, dem berühmten Vasa-Lauf, teil. Die Sieger werden wie Olympiasieger gefeiert. Er ist rund 85 Kilometer lang und führt von Sälen nach Mora. Neben den Wintersportaktivitäten, kann man auch im Sommer seinen Urlaub sehr aktiv verbringen und so bieten sich Wassersportaktivitäten wie Ruderbootfahren und Kanutouren an und an vielen Badestellen kann man im See schwimmen. Natürlich lohnt es sich auch die Angel auszuwerfen. Ausflüge kann man mit dem Fahrrad unternehmen oder man kauft sich ein Ticket für eines der nostalgischen Ausflugsschiffe (www.siljansee.se).

Der Campingplatz Siljanbadets in Rättvik liegt direkt am See.

» SEHENSWERT

Orsa Grönklitt Bärenpark

Der Abstecher zum Örtchen **Orsa** am Orsasee lohnt sich, denn rund 13 Kilometer nordwestlich davon liegt der Grönklitt Bärenpark (Parkplatz für Wohnmobile). Hierbei handelt es sich um den größten Bärenpark in Europa. Rund 80.000 m² natürliche Umgebung stehen den vielen Braunbären zur Verfügung. Eine große Rampe ragt in das Gelände hinein, von der aus der Besucher die »Meister Petze« beobachten kann (www.orsagronklitt.se).

» ADRESSEN

Touristeninformationen
Ljungby Kommun Turistbyrå, Stora Torget 6, 34183 Ljungby, Tel. 03 72-78 92 20, www.ljungby.se
Jönköpings Turistbyrå, Resecentrum, 55189 Jönköping, Tel. 036-10 50 50, www.jonkoping.se
Vadstena Turistbyrå, Vadstena Slott, 59280 Vadstena, Tel. 01 43-315 70, www.vadstena.com
Destination Örebro, Slottet, 70135 Örebro, Tel. 019-21 21 21, www.orebro.se
Siljan Turism Rättvik, Box 21, 79521 Rättvik, Tel. 0248-79 20 20, www.rattvik.se

Karten/Atlas
Da die Route durch Süd- und Mittelschweden führt und der Reisende gleich mehrere Karten benötigt, empfiehlt sich eine Übersichtskarte. Dann sollte man sich mithilfe von Atlaskarten (Maßstab 1:300000) im Autoatlas »Norden« orientieren. Sie sind an den Statoil- oder Shell-Tankstellen in Schweden erhältlich.

Campingplätze und Stellplätze
Bolmensee
(Bolmsö Island Camping und Sjön Bolmen Camping)
Auf der Insel Bolmsö im großen Bolmensee befindet sich der schöne Campingplatz. Natürlich kann man hier Boote, Kanus sowie Fahrräder mieten:
Tel. 03 72-911 02, www.bolmsocamping.se
Ein weiterer guter Campingplatz ist »Sjön Bolmen Camping«. Auch hier kann man Boote mieten und vom Stellplatz den Blick über den See genießen:
Tel. 03 72-920 51, www.bolmencamping.se

Ljungby (Ljungby Semesterby och Camping Park)
Rund zwei Kilometer vom Stadtzentrum entfernt liegt der Campingplatz. Nebenan befindet sich ein Freibad:
Tel. 0372-103 50, www.ljungby-semesterby.se

Värnamo (Värnamo Camping Prostsjön)
Am Fluss Lagan, rund einen Kilometer vom Stadtzentrum entfernt befindet sich der Campingplatz in einem Waldgelände: Tel. 0370-166 60, www.visit-varnamo.com

Jönköping (Villa Björkhagen)
Der ganzjährig geöffnete Vier-Sterne-Campingplatz hat eine reizvolle Lage am Vätternsee und verfügt über rund 200 Plätze auf Gras. Von der E4, Abfahrt Elmia ausgeschildert: Tel. 036-12 28 63, www.camping.se/f06

Gränna (Parkplatz am Amiralsvägen und Grännastranden Familjecamping)
Auf dem öffentlichen Parkplatz vor dem Campingplatz kann man übernachten und bezahlt hierbei am Parkscheinautomat: Tel. 03 90-410 10, www.grm.se
Der empfehlenswerte Campingplatz ist »Grännastranden Familjecamping« und befindet sich in der Nähe von Hafen und Stadtzentrum: Tel. 03 90-107 06, ww.grannacamping.se

Vadstena (Vadstena Camping)
Der gut ausgestattete Campingplatz ist mit vier Sternen ausgezeichnet und bietet einen schönen Badestrand am Vätternsee. Er befindet sich rund drei Kilometer nördlich vom Stadtzentrum und ist über die Reichsstraße 50 zu erreichen: Tel. 01 43-127 30, www.vadstenacamping.se

Motala (Z-Parkens Camping)
Rund zweieinhalb Kilometer nördlich des Stadtzentrums befindet sich zwischen dem Vätternsee und der Reichsstraße 50 der Campingplatz. Er bietet Badevergnügen an der herrlichen Strandbucht Varamobaden:
Tel. 01 41-21 11 42, www.camping.se/e18

Askersund (Stellplatz)
Unterhalb der Kirche, direkt am Hafen, wurde der Stellplatz eingerichtet.

Örebro (Camping Gustavsvik)
Dieser Campingplatz gehört zu den besten in Europa und ist mit 5 Sternen dekoriert. Er befindet sich rund zwei Kilometer südwestlich der Altstadt und ist von der E20 (Ausfahrt Gustavsvik) ausgeschildert. Neben einem Badesee mit Sandstrand gehört ein Erlebnisbad mit Dschungelambiente zu den Attraktionen des Campingplatzes:
Tel. 019-19 69 50, www.gustavsvik.se

Borlänge (Mellstaparken Camping)
Über die Reichsstraße 70, rund fünf Kilometer nördlich von Borlänge erreicht man den Campingplatz, der am Fluss Dalälven liegt. Er ist gut ausgestattet und ganzjährig geöffnet: Tel. 02 43-23 82 55, www.camping.se/w15

Leksand (Leksands Camping & Stugby)
Der komfortable Campingplatz liegt an der langen Bucht Österviken, am Siljansee, rund zwei Kilometer nördlich von Leksand. Er bietet u. a. Sauna, Bade- und Angelmöglichkeiten und ist ganzjährig geöffnet:
Tel. 02 47-138 00, www.leksandstrand.se

Rättvik (Siljansbadets Camping)
Hier fühlt man sich wohl! Direkt am schönen Siljansee befindet sich der Vier-Sterne-Campingplatz. Das Wohnmobil steht in einem lichten Birken- und Kiefernwäldchen. Ein großer Vorteil ist der herrliche Sandstrand mit Badesteg und der Fußweg zum Zentrum:
Tel. 02 48-516 91, www.siljanbadets.com

REISEINFORMATIONEN VON A BIS Z

Leider oft nur auf dem Schild zu sehen – der Elch.

Alkohol

Alkoholhaltige Getränke sind in Schweden teurer als in Deutschland. In Supermärkten kann man alkoholfreies und alkoholreduziertes Bier (Lättöl) kaufen. Normales Bier, Wein und Hochprozentiges erhält man nur in den staatlichen Monopolgeschäften (Systembolaget). Wer in den Staukästen seines Reisemobils Alkohol mit nach Schweden bringt, sollte die Einfuhrmengen beachten. Jede Person (ab 20 Jahre) darf 1 Liter Spirituosen oder 2 Liter Starkwein sowie 2 Liter Wein und 32 Liter Bier einführen, was für eine fröhliche Schwedenreise ausreichen dürfte. Weitere Infos gibt es beim schwedischen Zoll unter: www.tullverket.se.

Angeln

Eine Angel gehört auf jeden Fall in den Staukasten des Wohnmobils, denn so mancher Fang sorgte schon für ein schmackhaftes Mahl. An der Küste und an den fünf großen Seen (Vänernsee, Vätternsee, Mälarsee, Hjälmaren und Storsjön) kann ohne Angelkarte gefischt werden. Für die übrigen Gewässer benötigt man die kostenpflichtige Angelkarte, die man bei den Touristeninformationen und in Sportgeschäften erhält.

Diebstahl

Die Kriminalitätsrate liegt wie in den anderen skandinavischen Ländern weit unter der Rate in den mitteleuropäischen Ländern. Der Wohnmobilreisende fühlt sich in der Regel subjektiv sicher. An den wenigen überfüllten und lebhaften Plätzen sollte man trotzdem mit Brieftasche und Taschen nicht leichtsinnig umgehen. Ein möglicher Diebstahl kann die Urlaubsstimmung erheblich trüben. In den letzten Jahren wurden jedoch Wohnmobilreisende, die auf Rast- und Parkplätze übernachteten, überfallen. Auch wenn die Zahl der Überfälle gering ist, sollte man einen Campingplatz zu Übernachtungszwecken aufsuchen.

Diplomatischen Vertretungen

Bei schwerwiegenden Problemen sollte man sich an die Botschaft wenden:
Botschaft der Bundesrepublik Deutschland in Schweden:
Artillerigatan 64, S – 11445 Stockholm,
Tel. 00 46-8-670 15 00, Fax 00 46-8-66 15 72,
www.stockholm.diplo.de
Botschaft der Schweiz in Schweden:
Valhallavägen 64, S – 10041 Stockholm,
Tel. 00 46-8-676 79 00, Fax 00 46-8-21 15 04
www.eda.admin.ch/stockholm
Botschaft von Österreich in Schweden:
Kommandörsgatan 35, S – 11458 Stockholm,
Tel. 00 46-8-665 17 70, Fax 00 46-8-662 69 28
www. aussenministerium.at/stockholm

Dokumente

Benötigt werden: ein gültiger Reisepass oder ein gültiger Personalausweis, Führerschein und Fahrzeugpapiere. Eine grüne Versicherungskarte ist empfehlenswert.

Essen

Auch wenn der Reisemobilist seinen Proviant und seine Küche dabei hat, sollte er sich der schwedischen Küche widmen. Das Essen ist nicht so kostspielig wie vielfach angenommen und zur Mittagszeit bieten die meisten Restaurants das preisgünstige »Dagens Rätt« oder »Lunch« an. Hierbei handelt es sich um eine warme Hauptmahlzeit, Smör och Bröd (Butter und Brot), Salat, ein Getränk und einen Kaffee.

Feiertage und Feste

Neben dem Nationalfeiertag am 6. Juni sind folgende Tage Feiertage: Neujahr, Heilige Drei Könige, Ostern, 1. Mai,

Reiseinformationen

Christi Himmelfahrt, Pfingsten, Mittsommertag, Allerheiligen, Weihnachten und Silvester.

Darüber hinaus werden in zahlreichen schwedischen Städten besondere Feste und Events durchgeführt. In Göteborg findet Ende Januar/Anfang Februar das größte skandinavische Filmfestival statt und Anfang August wird mit »Göteborgskalaset« ein großes Stadtfest gefeiert. Ende Mai zieht »Tjejtrampet« in Stockholm, das größte Radrennen für Frauen (rund 8.000 Teilnehmer) unzählige Besucher an und Anfang Juni wird der ebenfalls beliebte Stockholm-Marathon durchgeführt. Ende Juni lockt das Musikspektakel »Stockholm Jazz Festival« auf die Insel Skeppsholmen. Der småländische Ort Hultsfred rockt Ende Juni beim »Hultsfred Rock Festival« und Ende Juli ist der »Tag des Wasserfalls« in Trollhättan, ein beliebtes Volksfest. Ein weiteres Volksfest ist das »Malmö-Festival« (Mitte August). Und auch der Geburtstag der Kronprinzessin Victoria am 14. Juli ist Anlass für ein großes Fest (Insel Öland, Schloss Solliden). Ende April wird in ganz Schweden mit der Walpurgisnacht der Abschied vom Winter gefeiert und zur Höchstform laufen die Schweden beim Mittsommerabend am 23. Juni auf.

Fotografieren

In Schweden kommt der Hobbyfotograf schnell auf seine Kosten, denn zahlreich sind die schönen Motive. Idyllische Landschaften, malerische Städte oder einen Elch vor dem Wohnmobil hält man gerne analog oder digital fest. Ausreichend Filme und Speicherkarten sollten mitgenommen werden. Sollte Filmmaterial benötigt werden, so erhält man es in es in Fotogeschäften, Souvenirgeschäften und größeren Supermärkten.

Geld

In Schweden zahlt man mit der Schwedischen Krone (1 € entspricht 10,1 SEK, Stand 2009). 1 Krone entspricht 100 Öre. Es empfiehlt sich einen gewissen Geldbetrag an Schwedischen Kronen mitzunehmen. Bei der Post oder bei

In Schweden findet der Hobby-Fotograf unzählige reizvolle Motive (Hafen von Spiken).

Reiseinformationen

der Bank können dann Euros eingetauscht werden. Einfacher ist das Abheben von Geld an Bankautomaten. Zahlreich sind auch die Bankautomaten, die neben den gängigen Kreditkarten auch die EC-Karten akzeptieren. Abheben von Geld von Postsparbüchern ist nicht mehr möglich.

Gesundheit

Das Gesundheitssystem in Schweden ist sehr gut ausgebaut. Sollte es zu einem Unfall oder einer akuten Erkrankung kommen, so sollte man die Ambulanzen der Krankenhäuser (akutmottagningen) aufsuchen. Zwischen Schweden und den EU-Ländern besteht ein Sozialversicherungsabkommen, das den Reisenden eine medizinische Versorgung garantiert. Mitzuführen ist die seit 2004 eingeführte Versicherungskarte »European Health Insurance Card« (EHIC), die der Versicherte bei der Krankenkasse erhält. Generell empfiehlt sich der Abschluss einer Auslandskrankenversicherung, so dass auch z. B. ein Krankenrücktransport bezahlt werden kann. In den Apotheken erhält man Medikamente, die vielfach rezeptpflichtig sind. In größeren Städten sind einige Apotheken auch 24 Stunden geöffnet.

Information

Vor der Reise sollte man beim Schwedischen Fremdenverkehrsamt benötigtes Informationsmaterial anfordern. VisitSweden verschickt auch die Broschüre mit den Campingplätzen und dem Antrag für die obligatorische Skandinavische Campingkarte:
VisitSweden, Michaelisstraße 22, 20459 Hamburg, Schweden-Info 069/22 22 34 69, www.visitsweden.com. Natürlich sollte der Reisende auch vor Ort die Touristenbüros aufsuchen. Freundliche Mitarbeiter informieren gerne u. a. über Campingplätze, Sehenswürdigkeiten und Veranstaltungen. Unter www.turism.se findet man ein Verzeichnis der Touristenbüros.

Mücken

Die lästigen Insekten können die Urlaubsstimmung schnell trüben. In manchen Sommern sind sie selten anzutreffen und manchmal eine richtige Plage. Präparate sollte man auf jeden Fall mitnehmen oder in Schweden kaufen. Rechtzeitig einreiben, dichte Kleidung und häufiges Duschen helfen. Das Wohnmobil sollte auch mit Insektenrollos ausgestattet sein.

Notfall

Im Notfall bitte die Notrufnummer 112 wählen. Mit dieser Nummer informiert man die Ambulanz, die Feuerwehr und die Polizei. Aus Telefonzellen kann man diese Nummer glücklicherweise auch ohne Münzen oder Telefonkarten wählen.

Apotheken halten für den Notfall die Medikamente bereit (alte Apotheke in Vadstena).

Reiseinformationen

Öffnungszeiten

Die Öffnungszeiten sind recht liberal und so bestehen keine einheitlichen Ladenschlusszeiten. In größeren Städten und Fremdenverkehrszentren sind die Geschäfte überwiegend länger geöffnet. Viele Tankstellen bietet auch Lebensmittel an und sind rund um die Uhr geöffnet. An Werktagen kann man zwischen 9.30 bis 18.00 Uhr und am Samstag von 9.00 bis 16.00 Uhr einkaufen. Die Banken sind an Werktagen zwischen 9.30 bis 15.00 Uhr (Donnerstag bis 17.00 Uhr) und die Post von 9.00 bis 18.00 (Samstag 9.00 bis 12.00) geöffnet.

Reiseinformationen

Rauchverbot
Schweden ist rauchfrei! Seit dem 1. Juni 2005 darf in öffentlichen Gebäuden, Restaurants, Bars und Hotels nicht mehr geraucht werden.

Strom
Die Stromspannung beträgt 220 Volt. Auf den meisten Campingplätzen schließt man das Reisemobil mit dem blauen CEE-Stecker an das Stromnetz an. In den Sanitärgebäuden ist kein Adapter erforderlich.

Die meisten Campingplätze haben eine naturnahe Lage. Trotz der vielfach abgeschiedenen Lage hat man mit dem Handy überall Empfang.

Telefonieren
Für das Telefonieren aus der Telefonzelle benötigt man überwiegend Telefonkarten, die man an Postämtern und Kiosken kaufen kann. Die Notrufnummer 112 ist kostenfrei. Beim Telefonieren benötigt man die Landesvorwahl: Deutschland 0049, für Österreich 0043 und für die Schweiz 0041 (Ortsnetzkennzahl ohne 0). Für Telefonate nach Schweden wählt man die 0046 vor.

Trinkgeld
Es ist üblich und natürlich eine nette Geste, den Betrag im Restaurant oder in der Kneipe aufzurunden.

Zeitungen
Deutschsprachige Zeitungen werden an den größeren Zeitungskiosken der Fremdenverkehrsorte hauptsächlich in der touristischen Hochsaison (Sommer) verkauft.

Register

A
Älvsborg Län 105
Åmål 109
Åsbro 128
Askersund 93, 128
Äskhult 75
Ätran 72

B
Baldernäs 108
Bengtsfors 108
Berg 96
Björkholmen 48
Blå Jungfrun 13
Blekinge 47
Blomberg 117
Bohuslän 81, 101
Bolmensee 121
Bolmsö 121
Bolmstad 121
Boren 95
Borensberg 94
Borlänge 131
Bromölla 29, 43

D
Dalarna 131
Dalby Söderskog 13
Dals Långed 108
Dalsland 105
Djurgården 64

F
Fågelsta 127
Falkenberg 72
Färjedalen 53
Farsta 61
Forsbacka 109
Forsvik 90
Fünen 16
Fyrudden 58

G
Gamla Stan 61, 63
Gamleby 58
Getterön 75
Gibberyd 57
Glommen 73
Golfstrom 15
Göta-Kanal 22
Götaälv 101 f.
Götaland 128
Göteborg 15, 17, 75, 101
Gotland 53
Gränna 125
Grebbestad 84
Grenå 74
Großer Belt 16
Gryt 58

H
Hajstorp 89
Halland 71
Halmstad 71
Hammarö 112
Hästholmen 125
Håverud 105

Unterwegs in Schweden

Helgeandsholmen 65
Helsingborg 69 f.
Helsingör 69
Hjälmaren 23
Hjälmarsee 15, 130
Högsbyn 108
Hultsfred 57
Husaby 117

J
Jämjö 50
Jönköping 122

K
Kallandsö 118
Källby 117
Kalmar 15, 50, 53
Kalmar Län 50
Karlstad 110
Karlskrona 47 f.
Kattegat 69
Kättilö 58
Kävsjön 122
Kebnekaise 15
Kiel 101
Kinne-Kleva 117
Kinnekulle 116
Klarälven 111 f.
Kode 81
König Karl X. Gustav 31
Kristinehamn 113
Krokek 59
Kumla 128
Kungälv 80, 101
Kungsbacka 75
Kvarnholmen 52

L
Lagan 121
Laholm 71
Län, Stockholm 60
Langbron 108
Leksand 131
Lidköping 117

Lilla Edet 101
Linköping 95
Ljungby 121
Ljungsbro 96
Lomma-Bucht 30
Lönneberga 57
Ludvika 131
Lund 15, 28, 33
Lynga 74
Lyrestad 89
Lysekil 84

M
Mälarsee 15, 23, 61 f.
Malmö 15, 22, 28 ff., 69
Mariannelund 57
Mariefred 61
Mariestad 115
Marstrand 81
Medevi Brunn 93
Mellerud 105
Mitternachtssonne 16
Möllstorp 53
Morup 74
Motala 93, 127
Motala Ström 58

N
Närke 127, 130
Nationalpark Stenshuvud 28
Nissan 71
Nora Kvill 13
Nordlichter 16
Norrbysjön 95
Norrköping 58, 97
Norsholm 97
Nyköping 60

O
Ödeshög 125
Öland 15, 22, 50
Olofsbo 73
Örebro 127, 128, 130
Öresund 16, 29, 69

Öresund-Brücke 30
Oskarshamn 53
Östergötland 58, 60, 93, 125
Överby 84

R
Rättvik 133
Råvarpen 108
Resby 50

S
Säffle 110
Sandefjord 85
Schonen 12
Seeland 16, 69
Sifferbo 131
Siljansee 133
Siljansnäs 133
Sjötorp 89, 115
Skagerrak 69, 80, 84
Skanden 15
Skåne 15, 28, 69
Skärhamn 81
Skärholmen 61
Slottsholmen 129
Småland 50, 121
Smörgåsbord 18
Söderköping 58, 97
Södermanland 60
Södertälje 61
Solberga 58, 81
Sörby 98
Spiken 118
St.-Petri-Kirche 32
Stegeborg 98
Stenshuvud 13
Stenungssund 81
Stockholm 15, 22, 61 f.
Stora Mosse 13
Storsjön 23, 58
Stranninge 74
Strömholmen 55
Strömkajen 64
Strömstad 75, 84
Stumholmen 48

Svalnäsa 118
Svartån 129
Svealand 128

T
Tåkern 125
Tanumshede 84
Tidan 117
Tiveden 13
Tjörn 81
Töreboda 89
Trelleborg 29, 35
Trollhättan 101, 102
Trossö 47

U
Ugglarp 73
Ullared 73

V
Vadstena 94, 125
Valdemarsvik 58
Vällingby 61
Vänernsee 15, 23, 89, 101
Vänersborg 105
Vanumsviken 113
Varberg 74, 75
Värmland 110, 112
Värnamo 122
Vassbacken 90
Västanvik 133
Västergötland 89, 101
Västervik 53, 56, 58
Vätternsee 15, 23
Viken 90
Vimmerby 57 f.
Visby 53
Visingsö 93, 125
Vitlycke 84

Y
Ystad 28, 37, 38

Den Norden erlesen!

Nordis-Das Nordeuropa-Magazin liefert Ihnen 6 x im Jahr Urlaubsstimmung nach Hause: Reisereportagen und Hintergrundberichte von Journalisten vor Ort über Schweden, Norwegen, Finnland, Dänemark sowie Island, Färöer, Grönland und das Baltikum. Mit Insider-Tipps, aktuellen Nachrichten, fundierten Informationen über Kultur, Politik, Wirtschaft und Lifestyle wird **Nordis** für Sie zu einem nützlichen und kompetenten Wegbegleiter.

Das Reisehandbuch für alle Skandinavien-Urlauber bietet jährlich aktualisiert auf ca. 400 Seiten Rundreisevorschläge, Hintergrundinformationen, tolle Fotos, ein ausführliches Adressenverzeichnis und vieles mehr! Preis: 9,80 €.

Mit einem Abo des **Nordis**-Magazins und dem **Nordis**-Reisehandbuch Skandinavien holen Sie sich den Norden nach Hause!

Wenn Sie das **Nordis**-Magazin jetzt abonnieren, erhalten Sie die neue Ausgabe des Nordis Reisehandbuch Skandinavien gratis als Prämie dazu.

Einsenden oder faxen an: Nordis Verlag GmbH, Maxstr. 64, D-45127 Essen, Fax: 02 01-8 94 25-11

○ Senden Sie mir bitte **Nordis** – Das Nordeuropa-Magazin vom nächst erscheinenden Heft an für mindestens ein Jahr zum Preis von € 28,–/sFr 50,– jährlich. Ich erhalte dafür 6 x Nordis frei Haus und als Prämie das aktuelle Skandinavien Reisehandbuch 2010. Nach Ablauf des ersten Abojahres kann ich das Magazin jederzeit wieder schriftlich kündigen.

○ Ich bin SchülerIn/StudentIn und brauche nur € 22,–/sFr 40,– zu bezahlen. Ein aktueller Nachweis (Studienbescheinigung) liegt bei.

○ Ich möchte das Skandinavien Reisehandbuch 2010 zum Preis von € 9,80 bestellen.

Name _____ Vorname _____

Straße/Nr. _____ PLZ/Wohnort _____

Gewünschte Zahlungsweise (bitte ankreuzen): Telefon _____

○ Bargeldlos durch Bankeinzug

Geldinstitut _____

BLZ _____ Konto-Nr. _____

○ Gegen Rechnung (Bitte keine Vorrauszahlung leisten, sondern Rechnung abwarten)

Datum _____ Unterschrift _____

WIDERRUFSGARANTIE: Diese Bestellung kann ich durch Absendung einer kurzen Mitteilung an den **Nordis** Aboservice, Maxstr. 64, 45127 Essen, innerhalb einer Woche (Poststempel) widerrufen. Ich bestätige durch meine 2. Unterschrift, dass ich dies zur Kenntnis genommen habe.

2. Unterschrift _____

Dieses Angebot für das Nordis-Abonnement gilt nur in Deutschland und der Schweiz, für andere Länder zzgl. € 5,– (Portokosten).

Unser komplettes Programm:
www.bruckmann.de

Impressum

Produktmanagement: Claudia Hohdorf
Lektorat, Layout und Satz: imprint, Zusmarshausen
Repro: Cromika s.a.s., Verona
Umschlaggestaltung: artesmedia, München
Kartografie: Achim Norweg, München
Herstellung: imprint, Zusmarshausen
Printed in Italy by Printer Trento S.r.l.

Alle Angaben dieses Werkes wurden vom Autor sorgfältig recherchiert und auf den aktuellen Stand gebracht sowie vom Verlag geprüft. Für die Richtigkeit der Angaben kann jedoch keine Haftung übernommen werden.

Für Hinweise und Anregungen sind wir jederzeit dankbar. Bitte richten Sie diese an:
Bruckmann Verlag
Postfach 40 02 09
D–80702 München
E-Mail: lektorat@verlagshaus.de

Bildnachweis:
Alle Fotos auf dem Umschlag und im Innenteil stammen von Thomas Kliem
Umschlagvorderseite: Thomas Kliem, Kalkar: Marstrand gehört zu den schönsten Orten an der Schärenküste.
Umschlagrückseite: Thomas Kliem, Kalkar: Die Schärenküste nördlich von Göteborg – eine der reizvollsten Landschaften des Landes.

Die Deutsche Nationalbibliothek –
CIP-Einheitsaufnahme
Ein Titeldatensatz für diese Publikation ist bei der Deutschen Nationalbibliothek erhältlich.

2. Aktualisierte Auflage
2010 © 2008 Bruckmann Verlag GmbH, München

ISBN 978-3-7654-4793-8